구원의 길

구원에 이르도록 인도하는
성경적 가르침과
하나님의 놀라운 은혜

THE WAY OF SALVATION

김홍만 지음

생명의말씀사

구원의 길

ⓒ 생명의말씀사 2017

2017년 1월 20일 1판 1쇄 발행

펴낸이 | 김재권
펴낸곳 | 생명의말씀사

등록 | 1962. 1. 10. No.300-1962-1
주소 | 서울시 종로구 경희궁1길 5-9(03176)
전화 | 02)738-6555(본사)・02)3159-7979(영업)
팩스 | 02)739-3824(본사)・080-022-8585(영업)

지은이 | 김홍만

기획편집 | 유선영
디자인 | 박소정, 조현진
인쇄 | 예원프린팅
제본 | 정문바인텍

ISBN 978-89-04-02082-9 (03230)

저작권자의 허락없이 이 책의 일부 또는 전체를
무단 복제, 전재, 발췌하면 저작권법에 의해 처벌을 받습니다.

구원의 길

들어가는 말

사도 바울은 에베소 교회에 보내는 편지에서 진리의 말씀 체계를 설명했습니다. 바울은 진리의 말씀 체계를 배우면 그리스도의 비밀을 알 수 있고, 이는 사도들과 선지자들이 계시로 받은 것이라고 했습니다. 이 진리의 말씀 체계는 하나님 아버지와 아들이 세우신, 택하신 백성을 향한 구원 약속과 그것을 실행하신 그리스도를 설명하고, 성령께서 구원이 실제로 일어나도록 적용하는 것입니다. 바울이 이렇게 할 수 있었던 것은 삼위 하나님께서 질서 있게 실행하셨기 때문입니다.

그러나 오늘날 교회는 애석하게도 진리의 말씀 체계에 대해 잘 모릅니다. 아버지와 아들 간의 언약에 대해서 잘 모릅니다. 그래서 아들의 죽음을 일반적인 은혜로 해석하거나 혹은 예정을 반대하거나 곡해합니다. 또한 구원에 대해서도 그리스도의 속죄까지만 설명합니다. 이는 성령이 하시는 구원의 적용에 대해 무지한 증거입니다. 더욱이 인간 의지의 결심을 믿음으로 보고, 성령의 역사 없이 믿겠다는 어리석은 생각입니다.

과거 교회 역사 속에서도 이러한 경우가 많았습니다. 교회에 출석하지만 구원의 도에 대해서 무지한 것입니다. 자신들이 구원받았다고 생각하지만 실제로는 구원의 은혜가 없습니다. 이런 사람들이 많아지면 교회는 경건을 잃어버리고 세속화됩니다. 이사야 선지자와 사도 바울이 탄식한 것처럼 교회 안에 실제로 구원받은 사람은 극소수가 됩니다.

말씀이 증거하는 진정한 구원의 도를 모른다면 위험한 일입니다. 구원의 확신을 위해서는 성경적 구원의 도를 알아야 합니다. 삼위 하나님께서 택하신 백성을 어떻게 구원하시는지를 알고 적용해야 합니다. 독자들이 하나님의 구원 방법을 정확하게 알고 적용하여 구원을 확실히 하기를 바랍니다. 본서가 나오기까지 지원을 아끼지 않은 웨스트민스터 교회의 김영수 목사님과 성도님들에게 감사드립니다.

한국청교도연구소 소장
김홍만(Ph.D)

목차

들어가는 말 · 04

1. 구원의 도 · 10
2. 인간 창조 · 14
3. 타락 · 20
4. 죄의 책망 · 30
5. 은혜 언약 · 36
6. 복음 전도 · 44
7. 성령의 유효한 부르심 · 50
8. 회개 · 58

9. 믿음 · 66

10. 그리스도와의 연합 · 72

11. 칭의 · 78

12. 양자 · 84

13. 성화 · 90

14. 견인 · 98

15. 구원의 확신 · 106

16. 예정 · 112

17. 죽음과 마지막 심판 · 118

마치는 말 · 124

1. 구원의 도

이에 [예수께서] 모세와 및 모든 선지자의 글로 시작하여 모든 성경에 쓴 바 자기에 (그리스도) 관한 것을 자세히 설명하시니라 (눅 24:27)

성경은 하나님이 누구신지를 증거하고 인간이 구원받는 방법을 분명히 계시하고 있습니다. 그리고 구원받은 신자들이 하나님을 섬기며, 선하게 사는 참된 방법을 밝히 가르치고 있습니다. 또한 성경은 역사 속에서 자기 백성을 죄와 악에서 건지시는 하나님의 구속(救贖) 역사를 기록하고 있습니다.

말씀이 증거하는 성경적 구원의 도를 설명하려면 하나님의 구속사적 관점에서 출발해야 합니다. 하나님께서 사람을 어떻게 창조하셨으며, 그 목적은 무엇인지를 알아야 합니다. 또한 하나님께서 창조한 그 사람이 어떻게 타락하였으며, 타락한 사람을 구속하시기 위해 역사 속에서 하나님이 어떻게 일하셨는지 주목해야 합니다. 뿐만 아니라 하나님이 왜 언약을 따라 그리스도를 보내셨는지도 알아야 합니다. 그리스도께서 어떻게 이 땅에서 구속의 사역을 행하시는지, 십자가 죽음과 부활 후 하늘로 승천하셔서 하나님 보좌 우편에 좌정하시고 성령을 보내셨는지 그 목적과 이유도 알아야 합니다.

2천 년 전, 그리스도의 십자가 사건이 오늘을 사는 그의 선택된 백성들에게 어떻게 실제로 적용되는지에 대해서도 알아야 합니다. 물론 이 시대를 사는 사람들 가운데 누구를 하나님께서 선택하셨는지에 대해서는 구원의 효력이 나타나기 전까지는 알 수 없는 것입니다. 그러므로 2천 년 전에 갈보리 언덕에서 흘리신 그리스도의 보혈을 이 시대에도 뜨겁게 만들어 죄인들의 양심에 뿌리는 성령의 역사를 알아야 합니다.

성경적 구원의 방법과 원리를 알기 위해서는 구속사 속에서 성삼위 하나님께서 일하신 원리와 방법을 알아야 하며, 오늘날 우리에게 실제로 구원이 일어나게 하는 역사와 방법을 알아야 합니다. 이것은 단지 단편적인 구원의 서정(序程)을 아는 것만으로는 해결되지 않습니다. 하나님의 구속 드라마 전체를 이해하는 가운데, 실제로 우리에게 구원이 어떻게 적용되는지를 알아야 하는 것입니다.

결국 성경적 구원의 도를 이해하기 위해서는, '삼위 하나님의 구속의 방법은 무엇인가? 구원이 왜 나에게 필요한가? 죄인을 건지기 위해서 마련하신 구속의 방법은 무엇인가? 나는 왜 그리스도를 필요로 하는가? 그리스도의 피가 나에게 어떠한 효력을 주는가? 구원 받은 사람이라면 그 증거는 무엇인가?' 에 대해서 끊임없이 질문하고, 답을 찾는 과정이 필요한 것입니다.

2. 인간 창조

하나님이 이르시되 우리의 형상을 따라 우리의 모양대로
우리가 사람을 만들고 그들로 바다의 물고기와 하늘의 새와 가축과
온 땅과 땅에 기는 모든 것을 다스리게 하자 하시고(창 1:26)

하나님께서는 우주 만물을 만드시고 제 6일에 사람을 지으셨습니다. 사람을 여섯 째날 만드신 이유는 모든 피조물 위에 뛰어나게 하시려는 목적이 있으셨기 때문입니다. 또한 사람으로 하여금 하나님의 영광을 나타내도록 만드셨습니다. 물론 사람을 창조의 마지막에 만드신 이유는 하늘과 땅과 그 안에 있는 모든 것들을 먼저 만드셔서 사람에게 선물로 주시기 위함이기도 합니다. 이렇게 하나님께서는 사람을 지으시고, 모든 것을 사람을 위해 마련해 주셨습니다. 처음 지음 받은 사람은 자신의 모든 필요를 채우시는 하나님을 절대적으로 신뢰해야 했습니다.

하나님께서는 사람을 몸과 영혼으로 구분하여 지으셨습니다(창 2:7; 욥 10:11-12). 몸은 흙을 재료로 마치 토기장이가 그릇을 빚듯이 만드셨고 그렇게 지으신 첫 사람을 아담이라 부르셨습니다. 흙을 재료로 지으셨다는 것은 아담에게 겸손, 즉 하나님과 같이 되고자하는 욕망을 가져서는 안 된다는 것을 가르치시기 위함이었습니다(창 18:27). 또한 하나님께서는 사람에 대하여 절대적 권위를 가지고 계신 분이라는 것을 가르치십니다. 사람은 하나님의 명령에 순종해야 하며, 그 권위 앞에 겸손해야 합니다(롬 9:21). 사람은 몸과 함께 영혼을 지닌 존재로 지음 받았으며 이는 영적 실체를 의미합니다. 하나님께서 사람에게 생기를 불어 넣으셔서 살아있는 영혼이 된 것입니다(창 2:7; 말 2:15). 사람은 다른 피조물과 달리 영적인 존재입니다. 그 영혼은 불멸의 존재로서 몸이 죽어도 죽지 않습니다. 영혼은 다섯 개의 특별한 기능들을 가지고 있는데 이해력, 기억력, 양심, 의지, 정서가 그것입니다.

하나님께서는 사람을 하나님의 형상으로 만드셨습니다

(창 1:26, 27). 사람의 영혼을 만드실 때 신적인 상태를 그 안에 두신 것입니다. 영혼의 다섯 가지 기능 안에 거룩하고 완전한 덕을 두신 것입니다. 이해력 안에는 하나님의 뜻에 대한 지식과 진정한 지혜를 두셨습니다. 기억력 안에는 모든 거룩한 것들을 반드시 기억하도록 하셨습니다. 의지로는 하나님의 계명을 자발적이고 즐거움으로 순종하도록 하셨습니다. 그리고 정서는 온건하며 거룩하게 하셨습니다. 양심은 순수하고 청결하게 하셨습니다. 이처럼 사람은 존재와 그 질적인 면에서 탁월한 존재입니다. 이해력 안에 지식과 지혜가 있으며(시 51:6; 골 3:10) 의지 안에 의로움과 거룩함이 있었습니다(엡 4:24; 벧전 1:15, 16). 사람은 창조주이신 하나님을 특별히 닮았습니다. 사람을 통해 자신을 어느 정도 드러내시기 위한 것이었습니다. 하나님께서는 사람에게 계명을 주시고 지키도록 하셨습니다. 사람은 하나님의 계명을 지키면서 하나님을 사랑하는 것을 나타냅니다(요일 5:2). 사람이 하나님께 순종하면서 하나님의 영광을 나타내는 것입니다. 그리고 사람들이 서로 사랑하게 하려는 목적이 있었습니다.

하나님께서 처음에 한 남자와 한 여자를 만드실 때(창 2:7) 여자를 남자로부터, 남자를 위해 만드셨습니다(창 2:21, 22; 말 2:15). 여자를 만드실 때 아담을 잠들게 하셨는데, 이는 우리의 진정한 부모이신 하나님께 모든 염려를 맡기라는 것입니다. 하나님께서 우리를 돌보심을 보여주시는 것입니다. 이렇게 남자와 여자를 만드셔서 짝이 되게 하시고 가정을 이루게 하셨습니다. 이것은 생명의 유업을 함께 받게 하기 위한 것이었습니다(벧전 3:7). 사람의 연약함을 돕고 그것으로부터 누리는 도움에 대해서 하나님께 감사하게 하기 위한 것입니다. 사람을 만드는 질서에 있어서 남자를 먼저 지으시고, 여자를 남자의 갈비뼈를 취하여 만드신 것을, 사도 바울은 남자가 여자로부터 지음을 받지 않고, 여자가 남자로부터 지음을 받았다고 말합니다(고전 11:8). 즉, 여자는 남자에게 복종해야 한다는 것입니다. 아담은 아내에게 이름을 주었습니다. 아내를 사랑하는 것이 남자가 해야 할 일입니다. 아담이 아내를 하나님으로부터 받았을 때, 그는 찬양했습니다. 아내는 하나님으로부터 온 선물입니다. 따라서 남편은 아내를 사랑하고 귀중하게 여겨야 하는 것입니다.

이렇게 하나님께서 처음 사람을 만드셨을 때, 사람의 몸은 질병도 없었으며, 죽음도 없었습니다. 사람의 영혼은 하나님의 형상으로 지음을 받았기 때문에 의로움과 거룩함이 있었습니다. 그래서 사람은 하나님의 뜻에 기꺼이 순종할 수 있었습니다. 또한 하나님과 마음껏 교제를 나누고 그 영혼은 매우 행복했습니다. 이것이 사람이 타락하기 전의 모습입니다.

3. 타락

그러므로 한 사람으로 말미암아 죄가 세상에 들어오고
죄로 말미암아 사망이 들어왔나니 이와 같이 모든 사람이 죄를 지었으므로
사망이 모든 사람에게 이르렀느니라 (롬 5:12)

하나님께서는 아담과 하와를 에덴동산에 두시고, 하나님의 모든 풍성함을 맛보게 하시고 무엇보다 하나님과 교제의 즐거움을 누리게 하셨습니다. 그리고 동산 중앙에 생명나무를 두셨습니다. 생명나무는 행복과 삶을 주는 것이며, 위로와 안식을 의미합니다. 아담과 하와는 이 에덴동산에 있는 한 영원히 살 수 있었습니다. 그러나 생명나무뿐 아니라 선악을 알게 하는 나무도 에덴동산에 있었습니다. 하나님께서는 아담과 하와의 순종을 시험하기 위해 선악을 알게 하는 나무를 두시고 이를 먹게 되면 죽는다고 말씀하셨습니다. 아담과 하와는 하나님께 불순종하면 죽을 것이라는 경고를 받았습니다.

두 사람에게 이 나무는 하나님을 지속적으로 신실하게 섬길 것을 도전하는 나무였습니다. 아담과 하와가 에덴동산에서 하나님의 명령에 늘 순종하는 한 행복하고 영광스러운 상태에 있을 수 있었습니다. 하나님을 예배하면서 즐거워할 수 있었습니다. 하나님께서 아담과 하와에게 주신 의지는 능력이 있는 것이었기 때문에 충분히 하나님의 명령에 순종할 수 있었습니다. 에덴동산에 있는 아담과 하와를 보면 하나님의 선하심과 축복하심이 무한하다는 것을 알 수 있습니다.

그러나 우리의 첫 번째 부모인 아담과 하와는 마귀로부터 시험을 받았습니다. 마귀는 아담과 하와를 속여 죄를 짓도록 유혹했습니다. 마귀는 남자보다 여자를 먼저 공격했는데 여자를 유혹한 다음 여자를 도구로 하여 남자를 유혹하려는 전략이었습니다(창 3:1, 2; 고후 11:3; 딤전 2:14). 마귀의 유혹은 끈질겼습니다. 마귀는 하나님의 풍성하신 사랑과 하나님의 말씀을 의심하도록 유혹했습니다. 계명을 어기면 하나님의 심판이 있다는 것을 잊어버리게 만들었고 하나님과 같이 될 수 있다고 유혹했습니다. 하와에게 교만을 부추겼던 것입니다. 결국 아담과 하와는 마귀의 유혹에 넘어가 금지된 실과를 먹어 하나님의 계명을 어기고 죄를 범하였습니다.

마귀는 하와의 타락에 있어서 외적인 원인입니다. 하지만 하와 자신에게도 내적인 원인이 있습니다. 하와는 마귀와 대화를 즐겼습니다. 그녀의 혀와 귀를 마귀에게 내어주고 말았습니다. 그래서 그 열매가 맛있게 보였고 그 심령에 정욕이 일어났습니다. 하와의 눈과 감각들은 죄의 도구가 되었습니다.

사도 바울이 우리의 몸을 죄의 도구로 드리지 말라고 말씀하신 이유가 여기에 있습니다(롬 6:13). 하와는 마귀와 대화를 나누면서 영적으로 부주의했고 호기심을 발동했고 그것에 사로잡혀 남편의 충고와 하나님의 말씀을 어기는 것에 더욱 담대해져 갔습니다. 급기야 하나님께서 말씀하신 진리를 의심하게 되었습니다. 우리가 하나님의 말씀에 주의를 기울이고, 하나님의 부르심에 대해 생각하지 않으면 마귀는 이렇게 우리가 부르심을 망각하고 넘어지게 하는 것입니다(벧후 1:9, 10). 악에 대해서는 반드시 저항해야 하는 것입니다.

금지된 열매를 먹음으로 아담과 하와의 양심에는 죄책이 일어났습니다. 자신들이 벌거벗음에 수치심을 느꼈습니다(계 3:17). 하나님께서 나타나시자 숨었습니다. 죄를 지은 효과입니다. 죄를 지은 것에 대해서 하나님의 심판을 두려워하게 되었습니다. 아담과 하와는 죄로 인해 죽은 것입니다. 하나님의 은혜로부터 분리되었기에 더욱 두려운 것입니다. 왜냐하면 죄가 들어온 이후 사람의 영혼은 그 기능이 부패되기 때문입니다. 범죄한 영혼은 하나님을 섬기기에 부적합합니다. 이것을 원죄라고 부릅니다.

원죄로부터 실제적인 죄들이 증가되는 것을 자범죄라고

부릅니다. 그래서 인생은 죄 가운데 살아갈 수밖에 없습니다. 그리고 인생은 죽음을 맞이할 수밖에 없습니다(롬 5:12). 즉, 영적인 죽음과 함께 육체의 죽음이 인생에게 들어오게 되었고, 아담과 하와는 에덴동산에서 쫓겨났습니다. 더 이상 생명나무의 열매를 먹을 수 없게 되었습니다. 이것은 하나님의 의로운 심판이었습니다. 죄로 인하여 죽음과 지옥이 열리게 된 것입니다.

아담과 하와는 자신들의 부끄러움을 감추기 위해서 무화과 잎으로 옷을 해 입었으나 내적인 벌거벗음에 대해서는 해결책이 없었습니다. 이렇게 영혼의 기능들이 부패되면서 그들은 정직성도 잃어갔습니다. 이는 인간의 부패성이 영혼을 지배하는 것을 의미합니다. 하나님께서 그들에게 나타나실 때 아담과 하와는 숲속의 나무 사이로 숨었습니다. 죄를 범한 효과로 양심에 두려움을 느껴(욥 18:11, 14) 하나님으로부터 도망가려고 했습니다. 하나님에게서 숨을 수 있다고 생각했습니다. 벌써 그들의 이해력이 어두움으로 가득 찬 것을 의미합니다. 그리고 자신들의 죄를 감추기 위해 어두움을 좋아하는 모습을 보여줍니다(요 3:19).

하나님께서는 아담과 하와에게 나타나 그들의 죄를 언급하셨습니다. 그러나 자신의 죄와 불의를 인정하고 용서를 구해야 함에도 불구하고 변명하기에 급급했습니다. 하나님께서 선악과를 만들어 놓으셨기 때문에 죄를 지을 수밖에 없었다고 했습니다. 하나님께 변명하는 것은 하나님을 고소하는 것입니다. 사람들은 예정의 교리를 이렇게 하나님께 불평하는 교리로 사용하는데, 그것은 하나님을 고소하는 것과 같습니다.

아담과 하와가 죄를 범하여 하나님의 형상에 손상을 입혔고, 하나님의 은혜를 박탈시키고 정죄에 몰아넣었습니다. 모든 인류는 저주의 상태에 놓여졌습니다. 성경에서는 이것을 옛 사람(엡 4:22)과 육신(창 6:3, 요 3:6)이라고 부릅니다. 사도 바울은 죄가 한 사람으로 인하여 세상에 들어왔고, 죄로 인하여 죽음이 들어왔으며, 죄를 지은 모든 사람은 죽음을 맞이하게 되었다고 말합니다(롬 5:12). 모든 사람이 첫 번째 부모인 아담과 하와로부터 나옵니다.

따라서 모든 사람이 영원한 정죄에 이르렀고 죄에 대해 종이 된 상태는 모든 사람에게 전달된 것입니다. 즉 모든 사람은 부패성의 종이 된 상태입니다. 왜냐하면 우리는 죄 가운데 잉태되었으며, 죄악 가운데 태어났습니다(시 51:5). 그래서 사람은 죄의 부패성을 가지고 태어납니다. 죄는 모든 사람에게 전가되어 본성이 더러워졌으며, 더러운 행위를 낳습니다. 모든 인류가 아담과 같이 죄를 짓습니다. 실제적으로 우리가 죄를 짓는 것입니다(사 48:8). 인생은 오직 죄를 지을 뿐입니다. 결국(딛 1:15) 죄를 지은 모든 사람을 사망이 지배합니다(롬 5:14).

물론 사람이 이성적 피조물로 남아있지만 영혼의 기능인 이해력에는 어두움이 깃들게 되어 하나님에 대해 무지하고, 하나님의 뜻을 이해하지 못하게 되었습니다(고전 2:14; 엡 4:17-19). 하나님의 진리에 대해 의심하고, 불신앙에 빠집니다. 그리고 오류를 붙잡습니다(사 44:20).

모든 이단과 오류가 사람의 부패된 심령에서 나오는 이유는 이해력이 부패되었기 때문입니다. 기억력도 둔해져 반드시 기억해야 할 것을 망각합니다. 거룩한 것보다는 헛되고 잘못된 것들을 더욱 기억합니다. 의지도 부패되어 선한 것을 택하지도 않으며 할 수도 없게 되었습니다(롬 5:6; 엡 2:3). 의지가 죄와 마귀의 종이 되어 하나님을 대적합니다(롬 8:7). 그래서 의지를 가지고 스스로 하나님께로 돌아갈 수 없는 상태가 되었습니다.

마음의 정서 역시 부패되어 선한 것을 미워하고, 악을 사랑하게 되었습니다(왕상 22:8). 항상 악한 것에 마음이 기울어져 있고 과도한 감정들을 가지게 되었습니다. 양심도 부패되어 올바른 판단을 내리지 못하며, 하나님께서 미워하는 것을 행하고, 선한 것을 행하지 않습니다. 양심은 눈먼 인도자와 같이 되었습니다. 이렇게 영혼은 죄로 인하여 감각이 없는 자가 되어 죄를 습관적으로 짓게 됩니다.

사람의 영혼과 몸은 죄로 인하여 비참한 상태에 빠졌습

니다. 하나님께서는 죄에 대해서 반드시 심판하십니다. 하나님의 심판은 재앙으로 임하기도 하고, 헐벗음과 극심한 가난, 질병, 고통, 수치, 내적인 심판은 슬픔과 괴로움, 어리석음, 무지함, 강퍅함, 두려움 등등으로 나타납니다(신 28:27-28). 인생은 이 땅과 또 장차 올 세상에서 자신들의 죄로 인하여 하나님의 심판을 당할 수밖에 없는 비참한 상태에 이른 것입니다. 그래서 죄를 용서받을 수 있는 길을 찾아야 하며 비참한 상태에서 빠져 나올 수 있는 방법을 찾아야 합니다.

4. 죄의 책망

**이르시되 누가 너의 벗었음을 네게 알려느냐
내가 네게 먹지 말라 명한 그 나무 열매를 네가 먹었느냐(창 3:11)**

금지된 선악과를 먹고 죄의 수치감을 가리기 위해 무화과나무 잎으로 치마를 입고 있는 아담과 하와를 하나님께서 찾아가셨습니다. 그리고 숨은 아담에게 어디에 있느냐고 물으셨습니다. 그가 어디에 있는지 몰라서 질문하신 것이 아닙니다. 하나님께서 아담의 죄를 드러내기 위해서입니다. 아담은 하나님의 소리를 듣고 대답했습니다. 벗었기 때문에 두려워 숨었다고 했습니다. 하나님께서 계속해서 질문하셨습니다. 누가 아담과 하와가 벗었다고 말해주었느냐고 질문하셨고, 선악과를 먹었느냐고 물으셨습니다. 그 때 아담은 죄의 고백이 아니라 핑계를 대었습니다. 하와에게도 물으실 때 역시 하와도 죄의 고백보다는 핑계를 앞세웠습니다. 하나님께서 아담과 하와에게 이렇게 질문하시는 것은 그들이 자신의 죄를 깨닫게 하시기 위한 것이었습니다. 아담과 하와가 타락 이후에 얻은 가인의 경우에도 이렇게 하셨습니다. 하나님께서는 제사를 잘못 드린 가인에게 선을 행하지 못하였다고 말씀하셨으며, 죄가 더욱 증가될 수 있음을 경고하셨습니다(창 4:6-8). 그러나 가인은 동생 아우를 들에서 죽였습니다. 그 때도 하나님께서 죄를 지은 가인에게 아우가 어디 있느냐고 물으셨습니다. 그리고 죄를 감추는 가인에게 아벨을 죽인 것을 드러내셨습니다. 하나님께서는 가인이 죄를 범하였을 때마다 나타나셔서 그에게 죄를 물으셨습니다. 가인의 죄를 드러내셨습니다.

첫 번째 부모인 아담과 하와의 죄는 그 당시 십계명이 주어지지 않았지만 그것을 어긴 것입니다. 모세에게 주신 십계명은 하나님께서 직접 돌판에 새겨 주셨지만 십계명의 내용은 처음의 부모인 아담과 하와의 마음에 새겨진 것입니다. 이것을 자연법이라고 부릅니다(롬 2:14). 아담과 하와는 지식과 의로움과 거룩함이 있었기 때문에 이 계명들을 지킬 수 있었지만 어겼습니다. 그리고 양심에 죄의식이 일어났습니다. 제1계명을 어긴 것입니다. 하나님의 사랑과 하나님의 말씀을 의심하였고, 이로써 하나님께 '불충성'의 죄를 범했습니다. 하나님의 경고를 무시했고, 오히려 마귀의 말을 신뢰했습니다. 하나님을 경멸한 것입니다. 하나님께서 에덴동산에서 주신 모든 은덕들에 대해서 감사하지 않았으며 교만과 야망을 갖고 지식에 있어서 하나님과 같이 되고자 하였던 것입니다. 제2계명도 어긴 것입니다. 하나님의 말씀보다는 마귀의 말을 붙잡았습니다. 또한 제3계명을 어겼습니다. 자만함으로 하나님의 진리를 내버리고, 마귀와 교통하였습니다. 그리고 하나님이 거짓말하는 것으로 여겼습니다. 제4계명을 범한 것이 되었습니다. 안식일에 생명나무로 즐거워하며, 예배할 수 없게 되었습니다. 제5계명을 어긴 것입니다. 아담은 하나님의 음성을 듣지 않고, 아내의 말에 더 순종한 것입니다. 제6계명을 어긴 것입니다. 왜냐하면 자신의 모든 후손을 정죄와 죽음의 상태에 이르게 했기 때문입니다. 제7계명의 문자적 범죄는 아니었지만 안목의 정욕으로 부적절한 감각에 사로 잡혔던 것입니다(창 3:6). 제8계명을 어긴 것과 같은 것은 현재의 상태에 만족하지 않고, 더욱 많이 가지기 위한 탐욕을 가졌던 것입니다. 제9계명을 어긴 것이 되는 이유는 진리와 생명나무에 대해서 잘못된 판단으로 하나님에 대한 잘못된 고소를 받아들인 것입니다. 제10계명을 어긴 것은 마귀의 제안을 받아들여서 죄악된 탐욕을 가졌던 것입니다.

그들의 죄는 하나님의 계명들을 어긴 것입니다. 하나님께서는 계명을 주셔서 죄인들로 죄를 깨닫게 하십니다. 계명은 우리의 의무를 분명히 깨닫게 하고, 지키지 않을 경우에 하나님의 심판이 있다는 것을 알게 해줍니다. 즉 율법은 우리로 죄를 분명하게 알게 해줍니다(롬 3:20; 7:7). 하나님께서 죄인들을 고치기 위해서 먼저 죄를 드러내시고, 죄를 인정케 하십니다. 그때 율법을 사용하시는 것입니다.

율법을 통해서 죄를 깨닫고, 하나님의 심판을 깨달아 용서의 필요성을 알고 구하기 위해 하나님께 나아오게 됩니다. 그래야 하나님께서 죄인들을 위하여 마련해 두신 구속의 방식에 굴복되기 때문입니다. 그러나 교만한 자들은 하나님께서 마련해 두신 구속의 방식에 대해서 믿지 않고 우습게 여깁니다. 사도 바울은 유대인이 표적을 구하고 헬라인은 지혜를 찾는다고 하였습니다(고전 1:22). 유대인들은 놀라운 표적을 통해서 믿으려고 하며, 헬라인들은 자신들의 이해에 맞아야 믿는 태도를 보였습니다. 그들에게는 십자가의 구속 방식이 거리끼는 것과 미련한 것이 될 수밖에 없다는 것입니다(고전 1:23). 아직 자신들의 죄에 대해서 깨닫지 못하고 있으며, 용서의 은혜가 필요한 것도 인식하지 못하고 있기 때문에 눈과 생각이 맞아야 믿겠다는 것입니다. 그래서 하나님께서는 교만을 부수기 위해 죄인들에게 성령의 역사와 율법으로 죄를 깨닫게 하여(요 16:8; 롬 7:7) 용서와 구원의 은혜를 찾게 만드시고 하나님의 구속 방식에 굴복되어 믿게 하시는 것입니다.

5. 은혜 언약

그런즉 한 범죄로 많은 사람이 정죄에 이른 것 같이
한 의로운 행위로 말미암아 많은 사람이 의롭다 하심을 받아
생명에 이르렀느니라 (롬 5:18)

아담과 하와가 범죄하여 인류에 죄와 부패성이 들어왔고, 사람 스스로 자신을 구원할 수 없는 상태에 있다면, 구원에 대한 소망이 없는 것일까요? 인류는 그저 하나님의 심판으로 멸망당하는 일만 남은 것일까요? 이러한 심각한 질문을 할 수 있습니다. 사람은 타락했기 때문에 행위언약을 통해서 주시는 생명을 얻을 수 없게 되었습니다. 따라서 구원의 수단이 없다면 인류는 진정 모두 멸망에 처하는 것입니다. 그러나 하나님은 그 무한한 지혜와 사랑으로 인류를 위한 구원자를 예비하셨습니다.

하나님께서 범죄한 인간을 구하기 위해 아들을 주시려는 계획은 영원부터였습니다(엡 1:4). 아버지와 아들이 사람이 타락하기 전에 이미 협의해 두신 것입니다. (이것을 구속언약이라고 부릅니다.) 아담이 타락하자마자 택하신 백성을 구원하시기 위한 구속의 사역을 시작하였습니다. 하나님께서 아담을 찾아가 하나님의 은혜로 회복할 수 있는 약속을 주셨습니다. 여자의 후손을 약속하신 것입니다(창 3:15). 하나님께서는 아담에게 심판을 선언하시기 전에 먼저 치료책을 주신 것입니다. 중재자 때문에 사람은 다시 행복한 상태에 이를 수 있습니다(갈 3:21, 22). 하나님께서 죄인과 화목하기 위한 약속, 은혜 언약이라고 부르며, 또한 복음이라고 말합니다(렘 31:31, 32). 이것은 하나님께서 은혜로 주시는 약속이며, 그리스도 안에 있습니다. 이 언약은 오직 하나님께서 홀로 베푸신 것이며, 사람의 입장에서는 약속을 맺을 만한 어떤 힘이나 행위가 없는 것입니다.

하나님께서는 구약 시대에 중재자를 바라보도록 약속, 예언, 할례, 유월절 어린양을 비롯해 유대인들에게 여러 가지 의식과 예표를 주셨고 또 이것이 집행되도록 하셨습니다. 그 모든 것은 장차 오실 그리스도를 예표한 것이며 구약의 백성들을 가르치기에 충분한 것이었습니다. 약속된 메시아를 통하여 죄 사함과 영원한 구원을 얻을 수 있었습니다.

그리고 때가 차 하나님께서 그리스도를 이 땅에 보내신 것입니다(갈 4:4; 딤전 2:6). 그 전에 선지자들을 보내셔서 그리스도가 오실 것을 예언하신 것을 성취하신 것입니다(요 1:45). 중재자 혹은 그리스도는 하나님이시면서 사람이 되셔야 했습니다(요 1:14). 이것은 하나님의 무한한 지혜로부터 나온 것입니다. 그리스도는 거룩하고 죄가 없으셔야 했기 때문에 성령에 의해 처녀인 마리아의 태를 빌려 초자연적으로 잉태되셨습니다. 자연적 출생으로는 죄의 부패성이 전가되기 때문입니다. 요한복음에서는 그리스도를 말씀이라고 부르고 있는데(요 1:1) 아버지께서 아담에게 약속하셨고, 아브라함과 족장들, 그리고 선지자들에게 그리스도를 구원의 보증으로 약속하셨기 때문입니다. 그리스도는 아버지와 함께 영원부터 계셨습니다. 우리의 죄에 대한 대가를 치러야 하고, 하나님의 진노를 가라앉히기 위한 구원자가 필요한데 그 분은 하나님이셔야 합니다(히 9:14). 왜냐하면 어떤 피조물과 인생도 무한한 하나님의 진노를 감당할 수 없으며, 우리의 죄를 위해 고통을 당할 수 없기 때문입니다. 따라서 우리의 중재자는 반드시 하나님이셔야 합니다. 중재자는 자신의 몸으로 하나님의 진노를 담당해야 하며, 우리 구원의 원수인 마귀를 물리쳐야 하며, 죽음의 죄에서 우리를 일으켜 영원한 생명을 소유할 수 있게 하셔야 합니다. 그리고 중재자는 성령을 우리에게 주셔서 부패된 성질을 갱신시켜야 합니다. 이로써 우리가 하나님과 화목될 수 있는 것입니다. 더욱이 그리스도는 우리를 자신에게 연합되게 하셔서 우리로 하나님 아버지의 자녀가 되게 하시는 것입니다(히 2:10). 이러한 일들은 그리스도가 반드시 사람이면서 하나님이어야 되는 것입니다. 왜냐하면 사람은 고통을 극복할 수 있지만 죽음은 극복할 수 없기 때문에 그리스도가 하나님과 사람 사이에 중재자가 되셔서 우리로 하나님과 화목할 수 있도록 필요한 모든 것을 행하신 것입니다

(딤전 2:5; 히 9:15).

하나님과 우리를 화목하게 하는 중재자를 그리스도라고 부르는 이유는 하나님께서 자신의 모든 백성을 위해 그리스도를 선지자, 제사장, 왕으로 기름 부었기 때문입니다 (행 4:26, 27; 시 45:7; 히 1:9). 하나님께서는 그리스도에게 성령을 부어주심으로 중재자의 직무를 감당하게 하셨습니다 (사 61:1; 눅 4:18). 그리스도께서 이 직무들을 담당하심으로 우리에게 충분히 중재자가 되시는 것입니다. 그리스도께서는 제사장의 직무를 감당하시는데, 자신의 교회를 위해 희생제물로 자신을 드리셨습니다. 그래서 우리로 하나님과 화목하게 하셨습니다(시 110:4). 이 직무가 없었다면 우리는 하나님 앞에 의롭다 여김을 받을 수 없으며, 하나님과 화평함을 결코 누릴 수 없습니다. 그리스도께서 선지자의 직무를 통해서 자신의 교회를 가르치십니다(행 3:22). 그리스도의 가르치시는 직무가 없다면 우리는 하나님을 알 수 없으며, 하나님에게 속할 수도 없는 것입니다(요 1:18). 그리스도께서는 선지자로서 구원의 방법과 수단에 대해서 계시하셨습니다

(마 17:5). 또한 왕의 직무로써 자신의 교회를 다스리십니다 (눅 1:33). 그리스도의 이 직무가 없다면 우리는 죄와 사탄의 종 된 것에서 결코 구원 받지 못하며, 영원한 생명을 소유할 수도 없는 것입니다.

그리스도는 사람이면서 하나님으로서 제사장, 선지자, 왕의 직무를 담당하시면서 두 가지 상태에 있으셨습니다. 첫 번째, 낮아진 상태로서 인간의 몸을 입으셨고, 자신의 몸으로 죄를 위한 고통을 받으셨으며, 십자가를 지셨습니다. 이로써 제사장의 직무를 감당하셨으며, 자신의 왕국으로 가는 길을 놓으셨습니다. 두 번째, 높아지신 상태로서 그리스도는 부활하시고, 하늘에 승천하여 하나님 보좌 우편에 등극하셨습니다(막 16:19). 그리고 영광 가운데 세상을 심판하시기 위해 다시 오실 것입니다(마 25:31). 이는 그리스도의 영광을 나타내는 것입니다. 그리스도가 구주시라는 것을 선언하는 것입니다(빌 2:7, 8). 그리스도의 죽음으로 우리의 구속을 위한 값을 지불하셨으며, 그의 생명으로 우리가 의롭다 여김을 받는 것을 확신시켜주는 것입니다(벧전 1:19).

결국, 하나님은 죄인을 용서하시고 구속하기 위해 아들을 보내시어 우리의 구속을 완성시키는 것입니다. 그리고 성령을 보내시어 우리의 심령 안에서 구원의 은혜가 있도록 일하게 하셨습니다. 하나님의 아들에 의해 확보된 성결을 우리 영혼에 적용하시는 일을 하도록 하셨습니다. 은혜 언약의 내용은 하나님께서 우리의 하나님이 되시고, 우리에게 영원한 생명을 그리스도 안에서 주시는 것입니다 (행 16:30; 요 1:12).

6. 복음 전도

주의 백성에게 그 죄사함으로 말미암는 구원을 알게 하리니(눅 1:77)

복음이란 인류에 대한 하나님의 긍휼의 메시지입니다. 그것은 구원에 대한 계획과 전개를 포함합니다. 하나님 아버지께서 특정한 사람들을 선택하시고, 구원을 위해 그리스도를 보내시고, 그리스도께서 어떻게 직무를 감당하셨는지를 담고 있습니다. 따라서 복음전도의 내용은 하나님을 아는 지식과 그것으로부터 사람이 죄인이라는 것과 죄인을 받아주시기 위해 그리스도를 마련해 놓으신 것입니다. 그래서 사도들과 제자들은 죄를 깨닫고 회개하여 하나님께로 돌아오라고 외쳤습니다. 또한 하나님께서 죄 용서와 구원의 은덕들을 그리스도 안에 마련해 두신 것을 깨닫고 그리스도를 믿으라는 설교를 하였던 것입니다(행 20:21). 복음전도는 실제로 구원이 일어나게 하는 수단이 됩니다. 그래서 사도 바울은 복음을 전하는 가운데 성령의 유효한 역사가 영혼에 일어나기를 위해 힘썼다고 말했습니다(고전 2:4).

구원에 필요한 복음을 알려면 그에 대한 지식이 요구되는데, 우선 하나님에 대한 지식이 필요합니다. 하나님에 대한 지식이 없이 하나님을 예배할 수 없으며, 사람에 대한 지식도 얻을 수 없기 때문입니다. 하나님께서 우주 만물을 창조하신 것과 하나님은 거룩하시고, 의로우시며, 선하시다는 지식이 있어야 합니다. 하나님을 아는 지식은 인간이 죄인이라는 것과 하나님의 심판 아래에 있다는 것을 깨닫게 합니다. 그래서 하나님 앞에 겸손하게 되며, 하나님께서 마련하신 구원의 방법에 대해서 찾게 만드는 것입니다.

또한 그리스도에 대한 지식이 필요합니다. 그리스도께서 죄인들을 어떻게 받아들이시는지에 대한 지식이 있어야 합니다. 그리스도에 대한 지식이 없이는 그리스도에 대한 믿음이 불가능합니다. 그리스도께서 하나님과 사람으로서 존재하시는 것에 대한 지식이 필요하며, 사람을 위한 그리스도의 구속 역사에 대한 지식이 있어야 합니다. 그리고 그리스도로 인하여 받는 은혜들에 대한 지식이 있어야 합니다. 이러한 지식이 있고, 그 지식 위에 성령께서 역사하시면 그리스도만이 사람을 구원하는 유일한 방법이라는 것을 깨닫게 됩니다. 그리스도의 탁월성과 아름다움에 대해서 찬양할 수밖에 없습니다. 그러나 만약 그리스도에 대한 지식이 부족하거나 잘못되면 그리스도를 알지 못하는 것이고 그런 상태에 있으면 기복 신앙으로 빠질 수 있습니다. 이는 그리스도를 자신의 이기적 목적 성취를 위한 수단으로 전락시키는 것으로 참람한 죄입니다. 그러므로 복음 전도에 있어서 그리스도가 충분히 증거 되어야 합니다.

복음을 전할 때 성령의 역사를 설명해주어야 합니다. 예수님께서 니고데모에게 전도하실 때, 성령의 거듭나게 하는 역사에 대해서 말씀하셨습니다. 니고데모는 이스라엘 선생이었지만 예수님의 말씀을 이해하지 못했습니다. 성령의 역사가 있어야만 복음전도자들이 전하는 메시지를 이해 할 수 있으며, 실제로 구원의 은혜를 체험할 수 있기 때문입니다(고전 2:4). 성령의 역사로 인해 죄를 깨닫게 되며, 회개가 일어나고, 그리스도에 대한 믿음이 일어나기 때문에 비록 아직 이것을 체험하지 못하였다 할지라도 복음 전도의 내용에 포함시켜야 합니다. 하나님을 아는 지식과 사람을 아는 지식, 그리스도를 아는 지식이 있다 하더라도 이 지적인 지식 자체가 구원이 아니기 때문입니다. 더욱이 성령의 가르치심이 있어야 성경에 대해서 바르게 이해할 수 있기 때문입니다.

이렇게 복음 전도를 위해서는 반드시 포함 시켜야 하는 내용들이 있습니다. 초대 교회의 전도는 가르치는 전도였습니다(행 5:42). 간략한 전도 책자를 전해주는 것이 아니라 삼위 하나님의 구속 사역을 깊이 있게 가르치는 것이었습니다. 왜냐하면 듣는 이들에게는 하나님 말씀의 지식이 충분히 있어야 하며, 그 지식 위에 실제적인 성령의 역사가 있어야 믿을 수 있기 때문입니다.

전도의 결론 부분에 이르러서는 은혜의 방편에 대해 설명하였습니다. 하나님께서 선택한 자들을 부르시고 그들에게 구원이 일어나도록 정해 놓으신 방편 혹은 수단이 있습니다. 그것은 하나님의 말씀과 기도입니다. 그래서 복음 전도의 마지막 부분에서 피전도자에게 하나님의 말씀을 읽고, 설교를 들으며, 연구해야 한다고 말해주는 것입니다. 왜냐하면 이러한 수단 아래에 있어야 성령께서 역사하셔서 구원이 일어나기 때문입니다. 더욱이 하나님의 말씀이 은혜의 방편으로 하나님께서 정해놓으신 수단이지만, 그것 위에 성령의 역사가 있어야 하기 때문에 성령의 깨닫는 역사를 위해 기도해야 하는 것입니다. 결국 피전도자는 하나님의 말씀을 부지런히 읽고 연구하고, 성령의 역사가 자신의 영혼 위에 일어나도록 기도해야 하는 것입니다. 물론 이것은 하나님께서 정해 놓으신 수단이기 때문에, 내가 수단을 사용하여서 은혜를 받은 것이 아니라 하나님께서 수단들 위에 성령께서 역사하실 것을 약속해 놓으신 것입니다. 이렇게 은혜를 받는 과정에서 우리의 공로는 없음을 기억해야 합니다.

7. 성령의 유효한 부르심

하나님이 처음부터 너희를 택하사 성령의 거룩하게 하심과
진리를 믿음으로 구원을 받게 하심이니 (살후 2:13)

그리스도께서 십자가 위에서 피를 흘리시고 택하신 백성의 죄 값을 지불하였습니다. 그런데 그리스도의 보혈이 실제로 영혼 위에 적용되는 것은 성령의 유효한 역사로 되는 것입니다. 죄의 힘에 묶여 있는 영혼의 구원은 그리스도의 영적 능력으로 이루어지는 것입니다(요 8:36). 죄는 사슬과 같아서 우리를 묶어 놓아주지 않으며, 사탄은 우리가 빠져 나가지 못하도록 영혼을 주관합니다. 마치 감옥에 가두고 감옥 문을 지키는 것과 같습니다. 사람들을 불신앙과 영적 무지 속에 가두어 구원의 은혜로 나아오지 못하게 합니다. 따라서 이러한 상태에 있는 영혼을 건지기 위해서는 성령의 강력한 역사가 반드시 필요한 것입니다.

성령께서 그리스도의 십자가를 영혼에게 적용하는 것은 영적 무지에서 건져내 죄를 분명히 깨닫게 하여 자신의 죄를 보게 하기 위함입니다(요 16:8, 9). 성령께서 영혼을 책망하실 때 율법을 사용하십니다. 그래서 죄인은 율법을 통해서 자신의 죄를 구체적으로 깨닫습니다(롬 3:20). 죄를 깨달은 죄인은 자신의 죄로 인해 하나님의 심판이 불가피하다는 것을 알게 됩니다. 그래서 죄인은 두려워 떨기도 합니다. 성령께서는 죄인들로 죄를 깨닫게 하실 때 구체적으로 그들의 특정한 죄들을 드러내시고(롬 3:9), 그들이 하나님의 법을 어겼으며, 하나님께 대적하였다는 것을 알게 하시는 것입니다. 죄인들은 자신의 죄에 대해서 놀라기도 하고, 죄에 대한 심판의 두려움 때문에 무엇을 어떻게 해야 구원을 받을 수 있느냐고 울부짖기도 합니다(행 2:37).

사무엘 선지자가 왕을 구한 이스라엘 백성의 죄를 드러내고 꾸짖었습니다. 그리고 그가 하나님께 기도하였을 때,

엄청난 폭우가 쏟아졌습니다. 이스라엘 백성은 비가 오는 계절이 아님에도 불구하고 쏟아지는 비로 인해 하나님의 엄중한 심판을 깨닫고 두려워하며 울부짖었습니다(삼상 12:19). 예수님께서는 우물가 여인의 죄를 드러내셨습니다. 여인은 자신의 죄를 보고 소리쳤습니다(요 4:29). 성령께서 영혼 위에 역사하셔서 그들의 죄 된 상태를 깨닫게 하시는 것입니다. 주께서 그들을 영적 무지 상태와 강퍅한 심령, 차가운 심령의 상태에서 깨어나게 하시는 방법입니다. 그래서 가장 먼저 그들의 죄를 깨닫게 하시고, 그들 안에 그리스도 없는 상태를 알게 하시는 것입니다. 그들이 은밀히 죄를 짓고 사는 모습을 드러내시고 죄인임을 분명히 알게 하시는 것입니다.

성령께서는 죄를 깨닫게 하는 것으로부터 시작하셔서 사람이 자신의 죄를 분명히 깨닫고, 그 죄의 악을 보게 하십니다. 그리고 자신의 죄에 대한 하나님의 심판에 대해 두려워합니다. 자신의 죄에 대해서 슬퍼합니다. 죄에 대해 슬퍼하는 현상은 통회하는 자에게 반드시 있어야 하는 것입니다. 이렇게 죄에 대해 슬퍼하면서 그 영혼은 상한 심령이 됩니다. 죄에 대한 슬픔은 죄를 미워하고 역겨워하는 성향을 일으킵니다. 그래서 그 영혼으로 하여금 죄에서 떠나게 만듭니다. 많은 영혼들이 죄를 알지만 죄에서 떠나지 않는 경우를 봅니다.

바로 왕은 모세 앞에서 자신과 백성의 악함에 대해서 고백하였지만, 죄에서 떠나지는 않았습니다(출 9:27, 34). 헤롯 왕은 세례 요한으로부터 책망을 받았지만 자기가 불의하다는 것을 인정하면서 세례 요한을 의로운 자로 여겼습니다. 그러나 자신의 죄악된 생활에서 떠나지는 않았습니다(막 6:20). 따라서 진정한 회개로 나아가는 과정에서 통회가 반드시 있어야 합니다. 그것은 성령의 역사로 자신의 죄에 대한 하나님 심판의 두려움과 죄에 대해서 슬퍼하는 것, 그리고 죄에서 떠나는 것입니다.

성령께서 죄를 깨닫고 있는 죄인에게 계속해서 역사하심으로 깨어진 심령을 만들어 통회가 일어나도록 만드십니다. 또 한편으로는 죄를 깨달은 죄인들이 죄에서 떠나면서 죄를 짓지 않으려고 애를 쓰게 됩니다. 그리고 하나님의 계명에 따라서 살려고 애씁니다. 그러나 이러한 일들이 효과적으로 되지 않다는 것을 깨닫게 됩니다. 여전히 자신을 붙잡고 있는 부패성이 영적인 삶을 방해하고 발목을 잡는다는 것을 알게 됩니다. 더욱 철저히 자신의 영적 무능에 대해서 깨닫게 되는 것입니다. 성령께서 이렇게 하시는 것은 영혼이 잘못된 구원의 확신을 가지지 못하게 하는 것이며, 끈질기게 영혼을 지배하고 있는 교만을 부수기 위한 것입니다. 사람들은 자신의 행위로 자신을 구원하려고 하는 성향이 부패된 본성에 깊이 자리를 잡고 있기 때문에 성령께서 이것을 깨뜨리는 작업을 하는 것입니다.

성령께서는 종교적 의무를 행하는 것으로 자신에게 구원이 있다는 헛된 확신을 깨뜨립니다. 또 자신의 어떤 종교적 행위로도 스스로를 구원할 수 없다는 것을 철저히 깨닫게 해서 오직 은혜만을 구하도록 그 심령을 낮추시는 것입니다. 그렇지 않으면 사람의 본성 깊이 자리를 잡고 있는 교만이 다시 살아나서 마치 자신의 행위로 은혜받은 줄로 생각하기 때문입니다. 성령께서 그 영혼을 진정으로 낮춘 상태는 자신의 행위가 아무것도 아닐 뿐만 아니라 무능하다는 것을 깨닫고 구원을 위해 오직 주님께서 은혜를 베풀어주시기만을 기다리고 구하는 모습으로 나타납니다(시 130:5-6).

영적으로 겸손해진 죄인은 용서와 구원의 은혜를 찾고 구하게 되어 있습니다. 이렇게 찾고 구할 때 성령께서 그리스도 안에 하나님께서 마련해 놓으신 구원의 은덕들을 발견하게 하십니다. 이때 죄인임을 철저히 깨닫고 용서의 은혜와 자신의 불의를 덮을 것을 찾고 있는 영혼은, 그리스도 안에 있는 구원의 은덕들이 자신에게 너무 소중하고 필요하다는 것을 알고 있기 때문에 그리스도를 향하여 달려가게 되어 있습니다. 이렇게 영적으로 겸손해진 영혼은 그리스도를 향하여 달려가 붙잡게 되어 있습니다. 이렇게 그리스도를 붙잡는 것을 믿음이라고 부릅니다(롬 1:5). 이러한 믿음의 유효한 원인은 성령의 역사로 인한 것입니다. 성령께서 영혼의 구원을 위하여 일련의 과정을 거치면서 역사하시는 것을 성령의 유효한 역사라고 말합니다. 이것은 성령께서 그리스도의 죽음을 실제적으로 영혼에게 적용하는 역사입니다.

8. 회개

**하나님의 뜻대로 하는 근심은 후회할 것이 없는
구원에 이르는 회개를 이루는 것이요 (고후 7:10)**

회개는 성령의 역사로 인한 중생의 열매입니다. 넓은 의미에서의 회개는 회심의 전 과정을 포함하는 것입니다. 죄인은 성령의 역사로 인해 자신의 죄를 진정으로 인식하고, 슬퍼하고, 혐오하게 됩니다. 때문에 그 죄에서 돌이켜 새로운 순종에 대한 철저한 결의를 가지고 하나님께로 향하는 것입니다. 회개에서 가장 중요한 핵심은 죄로부터 떠나 하나님께로 향하는 것입니다. 이 같은 회개는 성령의 역사로 인한 것입니다.

구원에 이르게 하는 회개는 율법을 통해서 자신이 죄인

이며, 죄 때문에 더럽혀진 심령을 자각하여 절망적인 상태에 있다는 것을 인지하는 것에서부터 출발합니다. 또한 자신의 죄를 해결하려면 절대적으로 하나님의 긍휼하심을 입어야 한다는 확신을 가지고 있습니다. 회개는 그리스도 안에 있는 하나님의 긍휼을 붙잡는 것을 포함합니다. 자신의 죄를 철저히 뉘우치면서 하나님께서 그리스도 안에 마련해 놓으신 은혜를 얻고자 나아오는 것입니다. 그리고 용서를 구한 죄인은 은혜를 얻고 하나님께 감사할 수밖에 없습니다(슥 12:10).

구원에 이르게 하는 회개는 효과와 증거가 있습니다. 죄가 얼마나 악하고 더럽다는 것을 경험했기 때문에 죄에 대해서 미워하는 마음이 일어나게 됩니다. 이것은 순전히 성령의 역사입니다. 성령께서는 회심 이후에도 계속해서 죄에 대해 미워하고, 싸우도록 영적 성향을 심령에 새겨 두었습니다. 그래서 진정으로 회개한 사람들에게는 죄를 미워하는 것이 당연히 나타나게 마련입니다. 만약에 어떤 사람이 회개했다고 하면서 같은 죄를 계속해서 습관적으로 짓고 있다면 진정으로 회개한 자가 아닙니다(요일 3:6).

구원에 이르는 회개는 반드시 죄에서 돌이켜 하나님께로 돌아가서 하나님을 섬기게 합니다(살전 1:9). 그리고 하나님과 동행하는 삶을 살려고 애쓰게 하고, 하나님의 계명을 지키려고 노력하게 합니다. 이러한 증거들이 나타나야 참으로 회개한 것입니다. 사도 바울은 유대인과 이방인들에게 "회개하고 하나님께로 돌아와서 회개에 합당한 일을 하라"고 말씀하였습니다(행 26:20). 죄를 버리고 오직 살아계신 하나님 한분만을 섬기려는 모습이어야 진정으로 회개한 것입니다.

물론 하나님께 돌아서는 것은 의지로 하는 것인데, 이 의지는 중생의 역사로 갱신된 의지입니다. 모든 일에 하나님의 뜻과 계명을 순종하려는 결의가 있어야 합니다. 그리고 죄와 싸우는 모습이 나타나야 합니다. 회개한 자가 죄와 싸우고 노력할 때, 항상 죄에 대해 승리해 죄를 짓지 않는 것은 아닙니다. 회개한 자라도 아직 이 세상에 살고 있으며,

마귀가 유혹하고 있고, 신자 안에 부패성이 남아 있기 때문에 죄를 짓습니다. 그러나 진정으로 회개한 자에게는 자신의 연약함으로 죄를 짓는다 할지라도 회개의 원리가 그 심령에 새겨졌기 때문에 날마다 새롭게 죄를 회개하는 것입니다. 그래서 회개는 평생의 작업입니다. 그리고 죄를 짓지 않기 위해서 더욱 은혜를 붙잡게 하는 하나님 은혜의 방편입니다.

그러나 거짓 회개들은 이러한 열매들이 없습니다. 일시적 회개의 경우는 애굽의 바로 왕 같이 죄를 깨닫고 고백하지만, 어려움이 물러가게 되면 다시 죄를 짓습니다. 그의 회개 고백이 아무리 완전하고 훌륭하더라도 입술의 고백에서 끝난 것이며, 실제로 죄를 버리고 하나님께로 돌아가 하나님을 섬긴 것이 아니기 때문에 구원받지 못합니다. 성경에서는 절반 회개도 말합니다. 호세아 7장 8절에서 "에브라임이 열방에 혼잡되니 저는 곧 뒤집지 않은 전병이로다"라고 말씀하고 있습니다. 뒤집지 않은 전병이란 한쪽은 익었지만 다른 한쪽은 익지 않은 상태로, 자신의 드러난 죄에 대해서는 회개하지만 드러나지 않은 은밀한 죄는 계속 짓고 있는 상태입니다. 이러한 회개 역시 구원과 무관합니다.

진정으로 회개하는 자는 성령께서 죄인들의 죄를 구체적으로 깨닫게 하시고, 책망하심으로 일어나는 것입니다. 따라서 자신의 회개로 인해 용서함 받았다고 말할 수 없습니다. 자신의 회개가 조건이 되어서 용서함을 받는 것이 아닙니다. 오직 하나님의 은혜로 회개하게 하셨고, 하나님의 은혜로 용서함을 받는 것입니다. 우리는 이 부분에서 거듭나지 않은 의지로 자신의 죄를 생각해내고, 회개하는 방법들을 경계해야 합니다. 이러한 회개는 벨릭스 총독이 자신의 죄를 깨닫지만 돌아서지 않는 것과 같은 것입니다(행 24:25). 벨릭스 총독은 죄에서 돌아설 수도 없었습니다. 왜냐하면 그 의지가 갱신되지 않았기 때문입니다. 따라서 진정한 회개를 위해서는 수단에 주목해야 합니다.

예레미야 선지자는 "주는 나의 하나님 여호와시니 나를

이끌어 돌이키소서 그리하시면 내가 돌아오겠나이다"라고 말하였는데, 진정한 회개를 할 수 있도록 먼저 하나님께서 은혜를 베풀어주시기를 간구하는 것입니다.

진정한 회개를 위해서는 자신의 죄를 구체적으로 깨달아야 하기 때문에 호세아 선지자는 다음과 같이 말했습니다. "이스라엘아 네 하나님 여호와께 돌아오라 네가 불의함으로 말미암아 엎드러졌느니라 너는 말씀을 가지고 여호와께로 돌아와서 아뢰기를 모든 불의를 제거하시고 선한 바를 받으소서 우리가 수송아지를 대신하여 입술의 열매를 주께 드리리이다." 진정한 회개를 위해서는 하나님의 말씀으로 자신의 죄를 구체적으로 깨달아야 한다는 것입니다. 진정한 회개를 위해서는 말씀으로 하나님의 은혜, 즉 성령의 역사를 구해야 합니다.

구원의 길

9. 믿음

**너희는 그 은혜에 의하여 믿음으로 말미암아 구원을 받았으니
이것은 너희에게서 난 것이 아니요 하나님의 선물이라 (엡 2:8)**

믿음의 과정은 성령의 유효한 역사로 인해 믿음이 발생되어 그리스도를 믿는 것입니다. 믿음의 발생은 철저히 성령의 사역으로 인한 것입니다(고후 4:13; 엡 1:17-19). 물론 이것은 성령께서 말씀 사역 가운데 행하신 결과입니다. 하나님의 말씀이 선포되고, 성경을 읽는 가운데 성령께서 말씀 위에 역사하셔서 영혼에 영향을 미치는 것입니다. 그래서 바울은 "우리 복음이 너희에게 말로만 이른 것이 아니라 또한 능력과 성령과 큰 확신으로 된 것임이라"고 말씀하였습니다(살전 1:5). 따라서 거듭나지 않은 인간의 자유의지를 가지고 예수님을 믿겠다고 결심하는 것은 잘못된 것입니다.

먼저 성령의 유효한 역사가 있어야 믿을 수 있습니다.

구원의 믿음은 하나님의 말씀에 계시된 모든 진리는 물론이거니와 특별히 구원에 관련된 가르침에 대해서 영적 이해력이 있는 것을 전제합니다. 그러나 그 지식이 진리에 대한 지적 동의에 불과하다면 구원의 믿음이라고 할 수 없습니다. 구원의 믿음이란 우선 자신이 철저히 죄인이라는 것을 깨닫는 가운데, 용서의 필요성과 자신의 불의를 가리려는 열망이 있는 것을 전제합니다. 이러한 영적 각성이 있어야 그리스도 안에 있는 하나님의 구속의 은혜가 소중하다는 것과 그 필요성을 인식할 수 있기 때문입니다.

용서의 필요성을 절실히 깨닫고 있는 자가, 성령의 역사로 그리스도 안에 있는 구원의 은덕들이 소중함을 알고, 그것을 얻기 위해 그리스도께로 달려가는 것, 그것이 구원의 믿음입니다. 구원의 믿음은 오직 그리스도만이 구원의 방법이라는 것을 깨닫고, 그리스도 안에 있는 용서와 의로움이 자신에게 얼마나 소중한 것인지를 철저히 알고 있는 상태입니다. 구원을 위해 오직 그리스도만을 붙잡고 의지합니다. 물론 그리스도께 나아갈 때, 어려움이 있습니다. 그러나 구원의 믿음은 어려움을 극복합니다. 의지가 갱신되었으며, 은혜가 절실히 필요하기 때문입니다. 예수님께서 '나를 따라오려거든 자기를 부정하고 자기 십자가를 지고 따라오라'고 하셨는데, 예수님의 소중성을 알기 때문에 기꺼이 자기를 부정하고 십자가를 지고 예수님을 따르는 것입니다. 이것이 진정한 믿음의 표시이며 증거입니다. 또한 구원의 은혜가 소중하며, 값진 것인 것을 알기 때문에 소홀히 여기지 않습니다(히 2:3).

한편, 구원의 믿음이 아닌 경우들이 있습니다. 역사적 믿음은 구원의 교리들에 대해서 동의하는 정도로써, 이는 정도에 불과한 것으로 구원의 믿음이 아닙니다. 이는 일반적 믿음이라고 부르는데, 사도신경의 삼위 하나님의 구속 사역에 대한 내용을 암송하고, 그리스도께서 죄인을 위해 십자가에 돌아가셨다는 것을 지적으로 알고 있는 상태입니다. 그러나 그리스도의 속죄를 위한 죽음의 소중성과 그것이 자신에게 왜 필요한지에 대해서는 아직 영적으로 무지한 상태입니다.

일시적 믿음은 구원의 믿음이 아닙니다. 일시적 믿음에는 어떤 영적 체험도 있습니다. 말씀을 받을 때 기쁨으로 받고 즐거워합니다. 그러나 말씀으로 인해 어려움이 올 때 믿음의 길에서 떠납니다(마 13:20). 이들의 영적 체험은 환상적이면서 흥분적인 체험이었습니다. 말씀 위에 역사하시는 성령의 역사가 없이 쉽게 믿고자 하며, 자신의 영광과 목적을 위해 믿음의 흉내를 내었던 경우입니다. 그래서 끝까지 믿지 못하고 중도에 포기하게 됩니다.

은사적 믿음은 구원의 믿음이 아닙니다. 예수님께서 믿음이 있다면 산을 바다로 옮길 수 있다고 하였습니다(마 21:21). 그리고 믿는 자들에게는 뱀을 집어 올리며 무슨 독을 마실지라도 해를 받지 않는 표적이 따를 것을 말씀하셨습니다(막 16:18). 예수님께서 여기에서 말씀하신 믿음은 구원의 믿음이 아니라 은사적인 믿음을 말합니다. 만약에 본문을 구원의 믿음으로 해석한다면 구원의 믿음을 가진 모든 자들이 독을 마셔도 아무 해를 받지 말아야 합니다. 그러나 구원의 믿음이 있다 할지라도 독을 마시면 해를 받게 되어 있습니다. 따라서 은사적인 믿음은 기능적인 것으로써 영적 신분을 나타내거나 증명하는 것이 아닙니다.

10. 그리스도와의 연합

**만일 우리가 그의 죽으심과 같은 모양으로 연합한 자가 되었으면
또한 그의 부활과 같은 모양으로 연합한 자도 되리라 (롬 6:5)**

성령의 유효한 역사로 인해 영혼이 하나님께서 그리스도 안에 마련하여 놓으신 구원의 은덕들에 대해 깨닫고, 그것을 얻기 위해 그리스도를 향하여 달려갑니다. 성령께서 믿음을 발생하게 하신 것입니다. 믿음을 가지고 그리스도를 붙잡게 될 때, 그 영혼은 그리스도와 연합됩니다(엡 2:18; 4:4). 그래서 영혼은 그리스도의 직무로부터 나오는 은덕들에 참여하게 되고 그리스도 안에 있는 것들을 소유하게 됩니다(계 2:28; 골 2;10). 그리고 그리스도께 있는 모든 부요에 참여하게 됩니다(고전 1:30). 그리스도의 아버지가 우리의 아버지가 됩니다(요 10:16-17). 그리스도와의 연합으로 하나님을 소유하는 것입니다. 그리스도의 약속이 우리의 것이 됩니다(고후 1:20). 또한 그리스도의 승리와 영광이 우리의 것이 됩니다(롬 8:28; 요 17:24).

신자와 그리스도와의 연합은 로마서 6장 5절, "만일 우리가 그의 죽으심과 같은 모양으로 연합한 자가 되었으면 또한 그의 부활과 같은 모양으로 연합한 자도 되리라"와 같이 가지의 접붙임과 같은 것입니다. 원나무에 접붙임 된 가지는 원나무의 생명을 공유하여 생명을 얻는 것입니다. 그래서 그리스도의 의가 신자에게 전가됨으로 말미암아 신자가 의롭다 함을 받습니다(롬 3:24).

신자는 그리스도와의 연합을 통해 그리스도의 죽음을 경험하여 죄에 대하여 죽고, 그리스도의 부활에 동참하여 의로운 삶을 살게 됩니다. 즉, 신자는 그리스도와 연합되어 그리스도의 거룩이 자신의 영혼에게 들어오게 되고, 그 효과로 반드시 거룩한 삶을 추구하고, 죄를 죽이는 작업을 하게 되어 있습니다. 따라서 그리스도와의 연합은 그 열매로 증거 될 수밖에 없습니다. 그리스도와 연합된 신자는 거룩한 삶을 추구하고, 그리스도의 명령에 기꺼이 순종하여 하나님께 합당한 열매를 맺을 수밖에 없는 것입니다(롬 7:4).

신자는 그리스도와의 연합을 통해, 또 그 안에서 역사하시는 성령의 역사를 통해 영적 생명을 얻게 됩니다. 성령은 계속해서 그리스도 안에서 신자에게 은혜를 공급합니다. 그리스도 안에서 생명의 수액을 계속 공급 받아 영적으로 생동감 넘치는 삶을 살게 됩니다. 그리스도와의 연합은 지속성을 갖기 때문에 신자의 영적 생명이 유지되고 보전됩니다. 그리스도 안에 있는 자들에게는 직접적인 결과와 증거들이 나타날 수밖에 없습니다. 하나님 형상의 회복이 일어나며, 그리스도에 대한 사랑이 증가되고, 주님을 섬기려는 헌신이 더욱 증가되는 것입니다.

신자와 그리스도와의 연합은 신자가 고통을 받고 환란을 당할 때 큰 위로가 됩니다. 그리스도의 사랑이 우리를 강권하시고, 우리로 멸망당하지 않도록 보존하시기 때문입니다.

사도 바울이 '누가 우리를 그리스도의 사랑에서 끊으리요?' 라고 말한 이유는 그리스도와의 연합에 있습니다(롬 8:35). 어떠한 장애물도 신자와 그리스도와의 연합을 끊을 수 없습니다.

그리스도와 연합된 자는 이 땅의 삶 가운데 양심의 평안을 누리게 됩니다. 그리스도 안에 있기 때문에 누구도 정죄할 수 없습니다. 또한 하나님의 지극한 사랑이 그리스도 안에 있기 때문에 신자는 하나님의 사랑에 대한 확신을 갖게 됩니다. 그리스도 안에 말할 수 없이 부요한 은혜로 인해 우리를 끝까지 보존하시는 것을 확신할 수 있습니다(유 24).

진정한 구원의 믿음으로 그리스도와 연합된 신자는 그리스도 안에서 행하게 됩니다. 그리스도 밖에서 행하는 것은 죄입니다. 그러니 영적인 주의를 해야 합니다. 신자는 그리스도의 뜻을 따라야 하며, 그의 뜻에 일치된 삶을 살고자 하는 열망이 있어야 합니다.

다른 한편으로, 그리스도를 믿는다고 하면서 죄를 계속 짓거나 혹은 은혜를 남용하여 육신적인 삶을 지속한다면 그것은 그리스도와 연합된 것이 아닙니다(유 4). 그리스도에 대한 신앙고백이 있지만 하나님의 거룩한 삶에 대해 열망이 없거나 그것에 대해 열심이 없다면 그것 역시 그리스도와 연합된 것이 아닙니다. 더욱이 그리스도에 대해 가르치지만 어두운 길 가운데 있다는 것은 거짓말하는 자로서 그리스도와 연합된 것이 아닙니다(요일 1:6). 왜냐하면 그리스도와의 연합은 그러한 삶을 살게 하지 않기 때문입니다.

11. 칭의

곧 이때에 자기의 의로우심을 나타내사 자기도 의로우시며
또한 예수 믿는 자를 의롭다 하려 하심이라 (롬 3:26)

믿음으로 그리스도와 연합될 때 그리스도 안에 있는 구원의 은덕에 참여하게 됩니다. 그리스도의 의가 믿는 자에게 전가되는 것입니다(엡 1:3). 이로 인하여 죄와 죽음의 상태에서 의롭고 영원한 생명의 상태로 변화됩니다(요일 3:14). 이것은 하나님의 즉각적인 선언에 의한 것입니다(롬 8:34). 하나님께서 정죄의 상태에 있는 자를 무죄 방면하신 것입니다. 그리스도의 의를 믿는 자에게 전가하셔서 더 이상 그의 죄를 보지 않으시고 받아주시는 것입니다.

 그리스도께서는 인간의 몸을 입으시고, 우리의 머리가

되심으로 하나님의 율법에 완전히 순종하셨으며, 우리가 받을 죄에 대한 심판을 받으셨습니다(벧전 2:24). 이러한 순종으로 얻은 그리스도의 의로움이 그리스도와 연합된 자에게 전가 되어서 의로운 자로 여김을 받는 것입니다(롬 5:19). 그래서 믿음으로 의롭게 되는 것은 죄를 용서 받고 의로운 자로 여김을 받는 것입니다. 그리스도의 순종으로 우리의 죄에 대한 부채가 해결되어(롬 4:8) 우리의 불의가 가려진 것입니다(고후 5:21). 물론 칭의가 죄의 모든 효과를 제거하여 죄와 죽음으로부터 해방되었다는 것은 아닙니다. 영원한 죽음에 대한 죄책이 제거되었다는 것입니다(롬 8:1, 33, 34). 즉, 의롭다 여김을 받는 것은 본성의 변화를 말하는 것이 아니라 상태의 변화를 의미합니다.

의롭다 여김을 받는 것은 영적인 전제가 있습니다. 자신의 죄가 얼마나 심각하며, 혐오스러운 것인가에 대해서 철저히 깨닫고 있어야 합니다. 그리고 자신의 죄에 대한 하나님의 엄중한 심판을 알고 있어야 합니다. 그래서 하나님의 은혜로 자신의 죄가 용서받기를 구하는 과정이 있어야 합니다. 또한 자신에게 어떤 의로움도 없다는 것을 깨닫고, 자신의 불의를 덮고자 하는 갈망이 있어야 합니다. 이것은 성령께서 죄인들을 그리스도께로 인도하는 방법입니다. 결국 성령께서 그리스도 안에 용서와 의가 있다는 것을 깨닫게 해서 죄인들로 그리스도께로 달려가게 합니다. 그리스도를 붙잡게 하는 것입니다. 그래서 그리스도와 연합되어서 칭의가 일어나는 것입니다.

진정으로 의롭다 함을 받은 자는 죄를 용서받은 것에 대한 감격의 눈물을 흘리게 됩니다. 자신의 불의를 덮어버린 그리스도의 의의 소중성 때문에 그 은혜를 소중하게 여길 수밖에 없습니다(히 2:3). 그리고 그리스도를 온 마음으로 찬양합니다. 그리스도의 아름다움에 대해 노래합니다. 하나님께서 불의한 자를 의인처럼 대우하신 것으로 인해 감격합니다. 그리스도를 통해 선택된 죄인을 구원하시는 하나님의 지혜에 대해 찬양합니다(고전 1:24, 30, 31).

의롭다 함을 얻은 자들에게 나타나는 효과는 하나님과

화목함으로 인해 양심의 평화를 누립니다. 그리고 언제든지 하나님의 보좌 앞으로 자유롭게 나아갈 수 있게 됨을 압니다. 그의 은혜와 성령의 은사를 누리게 되며, 성화의 은덕도 얻게 됩니다. 칭의가 이것을 보증합니다. 율법의 정죄로부터 자유하기 때문에 율법의 고발로부터 안전합니다. 마귀의 권세, 배교 및 재앙의 모든 원인으로부터도 안전합니다. 또한 그리스도의 구속의 모든 혜택들에 참여합니다. 물론 의롭다 함을 받은 자일지라도 이 땅에서 살아가는 한 계속 죄를 짓습니다. 그래서 의롭다 함을 받은 자들은 날마다 회개해야 하며, 하나님께서는 죄를 용서하십니다(요일 1:7, 9, 2:1-2). 때로는 하나님께서 신자의 죄에 대해서 징계하시고, 진정으로 회개할 때까지 은혜를 잠시 거두시기도 하지만(시 89:31-33; 고전 11:30, 32) 영원히 은혜를 거두지는 않으십니다. 그래서 의롭다 함의 상태에서 절대 벗어나지 않습니다(히 10:14).

사람들이 종종 칭의에 대해 잘못 이해하거나 곡해합니다. 자신의 종교적 행위 혹은 율법을 지켜서 의롭다함을 받으려고 합니다. 이것은 심각한 오류로 율법을 통해 아직 자신의 죄와 무능을 보지 못하고 있는 상태입니다. 만약 이런 잘못된 상태에 있다면 성경을 읽고 배우면서 성령의 역사를 구해야 합니다. 또 하나의 칭의에 대한 오류는 성령의 유효한 부르심을 생략하고 자신의 의지의 결단으로 믿는 것입니다. 이것은 하나님의 용서가 왜 필요한지를 모르는 상태에서 예수 그리스도를 믿겠다는 것입니다. 이러한 의지의 행위에서 나오는 믿음은 의롭게 하는 믿음이 아닙니다. 의롭게 하는 믿음은 마치 걸인처럼 그리스도의 의를 구하는 자와 같습니다. 자신의 어떤 행위로도 자신을 의롭게 할 수 없음을 철저히 깨닫고 하나님의 은혜로 의로움을 덧입기를 갈망하는 영적 특징이 있어야 합니다.

12. 양자

때가 차매 하나님이 그 아들을 보내사 여자에게서 나게 하시고
율법 아래에 나게 하신 것은 율법 아래에 있는 자들을 속량하시고
우리로 아들의 명분을 얻게 하려 하심이라 (갈 4:4-5)

하나님께서는 의롭다 함을 받은 모든 자들이 그리스도 안에서 양자됨의 은혜에 참여하도록 허락하십니다(엡 1:5; 갈 4:4-5). 이 은혜로 하나님과 원수 되었던 우리는 하나님과 친구가 됩니다(롬 5:10). 이로써 우리는 하나님의 진노의 대상이 아니라 하나님의 은혜의 대상자가 된 것입니다. 양자됨이라는 것은 하나님의 자녀가 되는 권세와 특권을 의미합니다(요 1:12). 하나님께서 그리스도 때문에 자녀의 지위를 부여하시는 것입니다.

신자는 하나님 가족의 일원이 됩니다(갈 6:10). 하나님 아버지의 사랑 안에서 보호를 받으면서 양육 받습니다. 이러한 보호하심은 영원히 지속되는 것입니다. 물론 아버지로부터 징계를 받습니다. 그러나 버림받지는 않습니다(애 3:31). 이렇게 양자가 되었다는 것을 성령께서 증거 하십니다. 그래서 성령을 양자의 영이라고 부릅니다(롬 8:15, 16). 은혜의 보좌 앞에 담대히 나아가며, 하나님을 아빠 아버지라고 부를 수 있습니다. 그리고 하나님의 아들이 되었기 때문에 유업을 받을 수 있습니다(롬 8:17). 영원한 구원의 상속자가 되어 약속들을 기업으로 받습니다(히 6:12).

양자됨의 첫 번째 열매는 율법과 죄와 세상의 종으로부터 자유롭게 되는 것입니다(요 8:32, 36). 율법은 우리가 완전하게 지키지 않을 경우에 정죄에 이른다고 고소하며 저주가 있다고 말합니다. 타락한 인간은 본질상 하나님의 가족과는 무관한 마귀의 자식들이며, 진노의 상속자들입니다. 따라서 마귀의 지배 아래에서 온갖 더러운 일을 행하고, 죄악을 저지를 수밖에 없었던 존재입니다. 죄의 종 된 상태였습니다. 하나님의 은혜를 입기 전에는 세상에 종이 된 상태였습니다. 세상이 우리의 부패성을 향해 유혹하면 우리는 죄를 짓던 자들이었고, 세상이 우리의 감각을 유혹하면 우리의 육신적 부패성은 더욱 크게 일어나고 결국 죄를 지었습니다. 그러나 이제 하나님 자녀의 일원이 되었고, 하나님의 거룩한 뜻이 심령을 지배하여 세상을 극복할 수 있게 되었습니다. 하나님의 양자된 것은 하나님께 예배하고 섬기는 것에 있어서 자유롭게 된 것입니다. 하나님의 계명을 지키는 것이 과거에는 무겁고 힘든 것이었습니다. 종의 상태였기 때문입니다. 그러나 양자됨으로 인해 하나님의 계명을 지키는 것이 어려운 것이 아니며, 귀찮은 것이 아니라 즐거운 것이 되었습니다. 왜냐하면 자녀로서 가족의 아버지이신 하나님을 사랑하는 마음이 가득 차 있기 때문입니다(요일 5:3).

양자됨의 두 번째 열매는 은혜의 보좌 앞에 담대히 나갈 수 있다는 것입니다. 하나님께서는 사랑하시는 자들을 불러서 자신 곁에 있게 하십니다. 가정에서 아버지가 식구들을 사랑할 때 하듯이 행하십니다. 그래서 자녀들이 마음을 터놓고 아버지에게 말씀드리듯이 우리로 하나님께 구하게 하시는 것입니다. 우리는 하나님의 특별한 섭리에 주의를 기울여 하나님의 특별한 섭리를 맛보게 됩니다(롬 8:28). 양자된 자에게 모든 필요한 것을 공급하시는 하나님의 은혜를 누리는 것입니다. 하나님께서는 자신의 자녀가 된 우리가 무엇을 필요로 하는지 잘 알고 계십니다. 그래서 은혜를 베푸시기를 주저하지 않으시고 풍성하게 주시는 것입니다. 양자됨을 입은 자는 하나님의 은혜로 기쁨이 가득 찹니다. 이러한 아버지의 사랑에 대해서 양자된 자들은 하나님을 공경합니다(말 1:6). 그리고 자녀가 아버지의 말씀에 순종하듯이 하나님에게 순종합니다. 언제든지 하나님의 뜻에 자신의 뜻을 굴복시킵니다(마 26:42).

양자됨의 세 번째 열매는 그리스도의 위엄에 참여하는 것입니다. 그리스도의 세 가지 직무에 참여하면서, 제사장, 선지자, 왕의 직무를 담당하게 됩니다(계 1:6). 제사장과 같이 봉사하며 기도로 제사장의 직무를 감당하고, 사랑으로 구제하여 하나님께서 받으실 만한 제사를 드리는 것입니다

(빌 4:18). 선지자로서 그리스도의 복된 교리들을 가르칠 수 있습니다. 왕의 직무를 수행하는 것은 원수들과 의로운 전쟁을 뜻합니다. 세상과 죄와 마귀들에게 전쟁을 선포하고 그것을 극복하는 것입니다(슥 10:3, 5).

신자의 양자된 것을 세상 사람들은 잘 인식하지 못합니다. 양자됨의 영광스러움에 대해서 이해하지 못합니다. 그러나 세상 사람들은 양자된 자들이 이 세상에 매여 사는 삶이 아니라는 정도는 이해합니다. 신자들의 사는 방식이 세상 사람과 같지 않다는 정도는 압니다. 양자된 자들이 하나님을 아버지로 모시면서 은덕들을 누리고 살아, 세상 사람의 삶과 구별되기 때문입니다. 따라서 우리는 양자된 것의 표지들을 세상 사람들에게 뚜렷하게 나타내야 합니다.

13. 성화

너희가 육신대로 살면 반드시 죽을 것이로되
영으로써 몸의 행실을 죽이면 살리니 (롬 8:13)

성령의 유효한 역사로 하나님의 자녀 된 이들 내면에 새 마음과 새 영이 창조되었습니다. 심령이 갱신되어 영적 이해력이 회복되었으며, 의지가 새롭게 되었습니다. 이것은 성령의 강력한 역사에 의한 것입니다. 갱신된 의지로 그리스도를 붙잡아 주와 연합되었습니다. 그리스도와의 연합으로 의롭다 함을 받았으며, 양자됨의 은덕도 누리게 되었습니다. 그리고 그리스도 안에서 거룩하게 됨을 '결정적 성화'라 하고(고전 1:2 참조) 거룩한 삶을 살기 시작한 것을 '점진적 성화'라고 합니다. 칭의와 양자됨, 성화 모두가 그리스도와의 연합으로 얻는 은덕들인데, 앞의 둘은 신자의 신분을 나타내는 것이지만, 성화는 실제적인 변화를 의미합니다. 이렇게 성화가 가능한 것은 성령의 유효한 역사로 거룩한 성질을 심령에 심어 놓으셨기 때문이며, 그리스도 안에 있기 때문입니다.

성화는 사람의 내면에서 실제적이고도 질적인 변화를 말합니다(고후 5:17). 이 변화의 효과는 처음부터 나타나는 것이며, 점진적으로 완성을 향하여 나아갑니다. 칭의와 성화는 구별되지만 그리스도 안에서 누리는 은덕들이기 때문에 칭의가 있다면 반드시 성화가 시작됩니다. 또한 처음부터 질적인 변화로 나타나기 때문에 그 영혼이 진정으로 의롭게 되었는지를 성화를 통해서 확인해 볼 수 있습니다. 히브리서 12장 14절에서는 성화가 없다면 구원이 없다고 말씀하고 있습니다.

성화는 하나님 형상으로 향하는 실제적인 변화입니다(엡 4:22-24). 칭의가 죄책으로부터 자유를 얻게 하였다면, 성화는 죄의 지배로부터 벗어나서 하나님의 형상으로 회복되는 것을 말합니다. 성화는 실제적이고 질적인 변화로써 성향의 변화를 포함하고 전 인격에 적용됩니다(살전 5:23). 성화를 두 부분으로 나누어 설명할 수 있는데 죄를 죽이는 것과 거룩함을 추구하는 것입니다(롬 8:5, 6). 첫 번째, 죄를 죽이는 것은 죄를 없애는 작업입니다(골 3:3, 5). 우리가 거듭났다 할지라도 아직 부패성이 육신에 남아 있기 때문에 죄성을 죽여서 옛 사람이 다시 지배하지 못하게 해야 합니다. 두 번째는 거룩함을 좇는 것입니다. 즉 하나님 형상의 회복입니다(골 3:10). 신자는 하나님과 그리스도께 더욱 헌신하며, 거룩의 성향이 강화되도록 힘쓰는 것입니다.

성화는 특권이면서 의무입니다. 하나님께서는 인간의 책무로써 성화를 요구하십니다. 그러나 인간의 능력으로 이룰 수 있는 것이 아니기 때문에 은혜를 붙잡게 하는 것입니다. 주께서 '내가 거룩하니 너희도 거룩하라'고 명령하셨습니다(벧전 1:16). 거룩함을 이루는 것을 인간의 책무로 두셨습니다. 거룩함을 이루려고 신실하게 애쓰는 자들은 자신의 힘이나 능력으로 거룩할 수 없다는 것을 깨닫고 그리스도 안에 머무르며, 그리스도의 은덕과 은혜를 의지하게 됩니다. 성화를 인간의 책무로 말씀하신 것은 그리스도 안에 계속 머무를 뿐 아니라 하나님의 은혜를 의존해야 할 책임을 가르치시기 위함입니다.

신자가 이 땅에서 추구하는 성화는 불완전한 것입니다. 거룩함을 추구하는 자들은 결코 자신의 행위에 만족할 수 없습니다. 오히려 영적으로 부족한 것을 더욱 깨닫게 될 뿐입니다. 이렇게 성화가 불완전한 이유는 우리가 아직 세상에 살고, 육신 가운데 있고 우리의 원수인 마귀가 유혹하고 있기 때문입니다. 그래서 성화를 책임으로 둠으로써 우리가 영적으로 교만하지 못하게 하고, 그리스도의 은혜만을 의지하게 하는 것입니다. 자신의 종교적 행위로 구원을 확신하고 만족하는 것은 대단히 잘못된 것입니다.

성화를 이루기 위한 법칙이 있는데 이를 순종의 규범, 믿음의 법칙, 혹은 성화의 법칙이라고 합니다. 이것은 도덕법을 의미합니다. 주님의 계명은 의롭고, 거룩하며, 선한 것입니다(롬 7:12). 그래서 주님의 계명을 지키는 것이 거룩하게 되는 방편이 됩니다. 사도 바울은 성령을 따라 행하는 것이 도덕법을 지키는 것이라고 했습니다(롬 8:4). 도덕법을 지키려고 애쓰는 가운데 하나님의 형상으로 회복됩니다. 물론 온전히 지킬 수 없기 때문에 주의 은혜를 의지하고 그리스도 안에 머물러야 합니다. 그래서 성화는 인간의 책임이지만 한편으로는 성령께서 주체가 되셔서 이루시는 것입니다.

하나님께서 우리를 구원하시는 목적은 성화에 있습니다(엡 5:25-26). 하나님께서 특정한 백성들을 구원하시기로 예정하신 목적이 있습니다(엡 1:4, 5; 롬 8:29). 구원의 목적은 단지 죄를 용서해주시고 하나님의 심판에서 건져주실 뿐 아니라 우리가 거룩한 삶을 살게 하기 위한 것입니다. 그래서 첫 번째 사람인 아담이 잃어버린 하나님의 형상을 회복하고, 하나님의 영광을 드러내기 위한 것입니다. 더욱이 예수님께서는 열매를 통해서 믿음의 진정성을 살피겠다고 말씀하셨습니다(마 12:33). 즉, 성화를 통해서 칭의의 여부를 확인하는 것입니다. 비록 완전한 것은 아니지만 성화가 없다면 칭의도 없으며, 선택도 없는 것입니다.

교회사 속에서 성화에 대한 잘못된 가르침이 계속 있었습니다. 성화가 없어도 칭의만 있으면 구원받는다고 말하는 자들이 있습니다. 또한 구원을 얻은 자는 은혜로 사는 것이지 도덕법을 지킬 필요가 없다는 가르침이 있습니다. 모두 도덕률 폐기론주의자들이 주장하는 것입니다. 성화가 없다면 칭의가 없는 것이기 때문에 이러한 가르침은 오류이며, 신자의 삶을 방탕하게 만드는 것입니다. 한편으로 성화를 어떤 환상적 체험으로 보는 가르침이 있습니다. 환상적인 체험을 통해 죄를 죽이거나 결코 거룩한 삶을 살 수 없습니다. 오직 성령의 역사로만 죄를 죽이고 거룩한 삶이 가능합니다(롬 8:13).

구원의 길

14. 견인

너희 안에서 착한 일을 시작하신 이가
예수 그리스도의 날까지 이루실 줄을 우리는 확신하노라……
그러므로 사랑하는 자들아 너희가 나 있을 때뿐 아니라
더욱 지금 나 없을 때에도 항상 복종하여 두렵고 떨림으로
너희 구원을 이루라 (빌 1:6, 2:12)

성령의 유효한 부르심으로 인한 믿음으로 그리스도와 연합되어 의롭게 되고 그리스도 안에서 구원의 은덕을 누리는 자는 궁극적으로 타락할 수 없으며, 끝까지 확실하게 보전되어 영원히 구원을 받습니다(요 10:28, 29; 벧후 1:10). 참된 신자가 확실하게 보전되어 구원받는 이유는 하나님의 변함없는 선택 때문이며, 시작하신 은혜를 완성할 때까지 베푸시기 때문입니다(빌 1:6). 그리고 성도의 견인은 그리스도께서 선택한 자를 위하여 죽으셨고, 그 영혼을 위하여 지금도 살아계셔서 중보하시기 때문에 가능합니다(히 7:25). 즉 그리스도와 연합하여 그리스도의 은덕을 계속 누리기 때문에 마지막까지 신앙이 보존되어 견인되는 것입니다(유 24). 성도의 견인은 은혜 언약의 속성에 의한 것입니다. 은혜 언약은 하나님께서 선택한 자에게 구원의 은혜를 베푸시고, 그 백성을 돌보시며, 그들로 그리스도 안에 머물게 하신다는 것을 의미합니다. 그래서 진정한 하나님의 백성들은 타락하지 않으며, 끝까지 보존되는 것입니다(사 54:10).

성도의 견인 교리는 하나님의 주권적인 은혜를 분명히 하는 것으로 하나님의 주권을 말하면서 인간의 책임을 배제하는 교리가 아닙니다. 시작하신 은혜를 완성하시기까지 이루신다고 분명히 약속하셨지만(빌 1:6) 한편으로 '두렵고 떨림으로 너희 구원을 이루라'고 말씀하셨습니다(빌 2:12). 사람의 책임을 분명하게 말씀하셨습니다. 유다서 1절에서는 부르심을 입은 자는 예수 그리스도를 위하여 지키심을 받는다고 하셨지만 3절에서는 성도에게 단번에 주신 믿음의 도를 위하여 힘써 싸우라고 말씀합니다. 베드로 사도는 부르심과 택하심을 입은 자들에게 그 부르심과 택하심을 굳게 하라고 말씀했습니다. 그렇게 하면 그리스도의 영원한 나라에 넉넉히 들어감을 허락받을 것이라고 했습니다 (벧후 1:10, 11). 성도의 견인이 하나님의 주권적인 은혜에 의한 것이지만 사람의 책임을 배제하지 않습니다. 사람에게 책임을 요구하는 것은 그것을 완수할 수 있는 능력이 사람에게 있어서가 아니라, 성도의 견인을 위해 애쓰고 수고할 때, 자신의 능력 부족과 무능을 깨달을 수 있기 때문입니다. 자신의 능력으로 견인할 수 있는 것이 아니라 오직 그리스도 안에 있는 은혜로 가능하다는 것을 깨닫게 합니다. 그래서 견인을 위해 수고하는 신자는 더욱 그리스도 안에 머물고, 그리스도의 은혜를 의지하는 것입니다. 이렇게 신자가 그리스도 안에서 은덕들을 의지할 때, 주님은 그들로 마지막 날에 주님 앞에 담대히 설 수 있도록 견인하시는 것입니다(유 24, 25).

성도의 견인이라는 은혜는 이렇게 소중하고 중한 것입니다. 그러나 어떤 이들은 참된 신자도 타락할 수 있다고 주장합니다. 이러한 주장은 자신의 의지를 가지고 예수를 믿겠다고 한 자들이 결국 자신의 의지에 따라서 예수 믿는 것을 포기할 수 있다는 전제에서 나온 것입니다. 즉, 이들이 말하는 믿음은 진정한 구원의 믿음이 아닙니다. 구원의 믿음을 가지고 있는 자들은 앞에서 언급한 것처럼 타락하지 않고 끝가지 견인되지만, 거짓 믿음이나 일시적 믿음을 가지고 있었던 자들은 타락할 수 있습니다. 성경에서는 분명히 타락에 대해 가르치고 있습니다. 이렇게 타락하는 자들은 처음부터 구원의 믿음이 없었던 자들입니다. 그러나 마치 구원의 믿음과 은혜의 모습을 하고 있다가 그 심령 속에 은혜가 없기 때문에 끝까지 가지 못하고 결국 타락하고 마는 것입니다(벧후 2:20-22).

타락의 사례 중에는 성령의 은사를 소유했지만 타락하는 경우도 있습니다. 히브리서 6장 4-6절에서 이러한 경우를 말씀하고 있습니다. "한번 빛을 받고 하늘의 은사를 맛보고 성령에 참여한 바 되고 하나님의 선한 말씀과 내세의 능력을 맛보고도 타락한 자들은 다시 새롭게 하여 회개하게 할 수 없나니 이는 그들이 하나님의 아들을 다시 십자가에 못 박아 드러내놓고 욕되게 함이라." 이 본문에서 타락한 자는 성령의 은사를 소유하고 맛보았던 자입니다. 이렇게 은사를 소유하고 말씀의 능력을 맛본 것 자체가 구원의 은혜 혹은 구원의 믿음을 증거하는 것이 아닙니다. 성령의 은사는 성령의 일반 사역으로써 불신자도 가질 수 있는 것입니다. 사울 왕이 은사를 소유하였지만 그에게는 구원의 은혜가 없었습니다(삼상 15:23). 가룟 유다 역시 은사를 가지고 있었지만 타락하고 말았습니다(행 1:25). 따라서 은사를 소유하고 그 맛을 보았지만, 그 심령 안에 구원의 믿음이 없었고, 결국에는 타락했던 것입니다.

참된 신자일지라도 세상에 너무 가까이 가고, 은혜의 수단들을 소홀히 하여 심각한 죄를 저지르기도 하며, 한동안 그러한 상태에 빠질 수 있습니다. 욥은 하나님을 향하여 불의하다고 항의했으며(욥 40:8) 다윗은 중대한 죄를 연속적으로 범하기도 했습니다. 베드로 역시 예수님을 세 번이나 부인했습니다. 신자일지라도 의심과 절망 상태에 이르기도 합니다. 그러나 그 심령 안에 심겨진 은혜의 원리는 결코 완전히 사라지지 않습니다. 영적으로 무기력한 상태에 빠

졌을지라도 그 심령 안에 은혜의 원리가 남아 있습니다. 그렇기 때문에 주께서 남아 있는 은혜를 다시 새롭게 하여 영적 회복과 갱신을 이루시는 것입니다. 이러한 영적 갱신은 성령의 유효한 역사와 같은 것입니다. 그 영혼으로 다시 온전히 회개하게 하시고, 믿음을 회복하게 하시는 갱신, 즉 새롭게 하시는 것입니다. 이렇듯 성도의 견인 교리는 참된 신자에게 소망을 줍니다. 자신에게 영적 능력이 부족해도 그리스도 안에서 끝까지 견인하시는 은혜로 인해 소망을 가집니다. 그리고 험한 세상에서, 신앙을 지키기 어려운 형편에서 위로를 얻습니다. 이는 구원의 복된 가르침입니다.

구원의 길

15. 구원의 확신

내가 확신하노니 사망이나 생명이나 천사들이나 권세자들이나
현재일이나 장래 일이나 능력이나 높음이나 깊음이나
다른 어떤 피조물이라고 우리를 우리 주 그리스도 예수 안에 있는
하나님의 사랑에서 끊을 수 없으리라 (롬 8:38-39)

진정한 신자는 그리스도께서 베푸신 은덕으로 인한 열매를 확인하고 구원의 확신을 가지게 됩니다. 그러한 확신은 자신이 분명하게 죄 용서함을 받았으며, 거룩한 삶으로 인도되는 삶과 천성에 확실하게 올라갈 수 있는 것을 포함합니다. 예수님을 진실하게 믿고, 사랑하며, 거듭난 양심에 따라 하나님 앞에 정직하고, 사람들에게 의로운 삶을 추구한 자는 그 양심에 거리낌이 없을 것입니다. 그리고 자신이 은혜의 상태에 있다는 확신을 가질 수 있습니다. 사도 바울은 고린도교회를 향하여 정말 자신들에게 구원의 은혜가 있는 지를 스스로 점검하라고 말씀했습니다(고후 13:5). 바울이 이렇게 권면할 수 있는 것은 구원의 은혜가 분명하다면 삶 속에서 증거가 분명할 것이기 때문입니다. 또한 심령에 있는 은혜의 증거들은 스스로 확인할 수 있는 것이기 때문입니다.

구원의 확신은 하나님께서 약속하신 말씀을 근거로 합니다. 사도 요한은 계명을 지키고 있는지 여부로 구원을 확인하라고 말합니다(요일 2:4). 그리고 죄를 없이 하려고 애쓰는 모습으로 구원을 확인하라고 말합니다(요일 3:6). 진정으로 거듭났다면 하나님을 사랑하고 거듭난 형제를 사랑하는지 점검하라고 했습니다(요일 5:1-3). 성경은 자신의 구원을 점검하고 확인하라고 명령하고 있습니다(고후 13:5). 성경은 참된 신자의 표시와 속성들을 분명하게 말하고 있기 때문에 확인할 수 있습니다. 예수님은 참된 제자의 표지들로 자기를 부정하고 자기 십자가를 지고 따라가는 것을 말씀하셨습니다(눅 14:27). 이렇게 성경에서 구체적으로 말씀하신 것을 근거로 하여 자신에게 구원의 믿음이 있는지 여부를 파악할 수 있으며, 이를 통하여 구원의 확신을 얻을 수 있습니다.

구원의 확신은 성령께서 신자의 내면에 하나님의 자녀라고 증거하는 것으로부터 얻습니다. 성령께서 이미 신자들로 하여금 하나님을 향하여 아바(아빠) 아버지라고 부를 수 있게 하셨으며 성령께서 친히 우리의 영과 더불어 우리가 하나님의 자녀인 것을 증언한다고 했습니다(롬 8:15-16). 성령께서 하나님의 약속의 말씀을 우리에게 적용하여 확신이 일어나게 하십니다. 이것을 은혜의 내적 증거라고 부릅니다. 이러한 확신은 신자들의 영적 경험을 통해서 입증됩니다.

성령께서 우리 영혼 위에 일하심으로 우리의 인격에 변화가 일어난 은혜의 표지들이 있습니다. 죄를 미워하고 통회하며, 거룩과 의로움에 대한 갈망이 크게 일어났다면 그것은 우리가 거듭난 자라는 것, 즉 구원의 확신이 일어나는 것입니다. 구원의 확신은 하나님의 은혜가 우리의 심령에 어떠한 변화와 효과를 주었는지를 확인하면서 일어나는 것입니다. 만약 자기 점검 속에서 자신의 구원에 대해서 확신할 수 없다면, 은혜의 수단을 가지고 하나님께 부르짖어야 합니다. 성령의 유효한 역사가 자신에게 분명하게 있도록 구해야 합니다. 이것은 하나님께서 정해놓으신 방식입니다.

물론 참된 신자라 할지라도 구원의 확신이 약할 수 있으며, 고난과 환난을 경험하면서 구원의 확신을 잃어버릴 수도 있습니다. 때로는 양심에 어긋나는 일들을 계속 행함으로 양심에 해를 입히고 구원의 확신을 잃어버릴 수 있습니다. 육체의 질병과 유혹들에 노출됨으로 구원의 확신이 약해질 수 있습니다. 또 하나님의 징계로 구원의 확신을 갖지 못할 수도 있습니다. 그러나 구원의 확신이 약화되거나 잃어버렸다고 해서 구원을 잃어버린 것은 아닙니다. 신자의 심령에 은혜로운 성향을 상실하지 않았기 때문입니다. 이러한 경우 은혜의 수단을 부지런히 사용하여 구원의 확신을 회복해야 합니다. 성경을 부지런히 읽고, 하나님의 말씀을 들으면서 열심히 기도해야 합니다.

자신의 부르심과 택하심을 굳게 함으로 구원의 확신을

가진 자는 경건의 열매가 자신의 삶에 맺도록 은혜의 수단을 부지런히 사용합니다(벧후 1:5-11). 그리고 죄를 피하고 거룩함을 추구합니다. 특별히 환란의 때에 그리스도와 자신의 관계를 어떤 것도 끊을 수 없음을 확신하고, 그리스도를 더욱 의지합니다(롬 8:38, 39). 결국 구원의 확신은 그리스도와의 연합을 통해서 누리는 은덕 가운데 하나입니다.

구원의 확신을 얻기 위해 인간적 방법을 사용해서는 안 됩니다. 자신이 구원받았다는 생각을 계속하여 구원의 확신을 갖는 것, 이것은 자기 생각에 대한 확신이지, 성령의 역사와 말씀에 근거한 확신이 아닙니다. 잘못된 확신들은 감정과 분위기에 따라 달라지며 흔들리는 것입니다. 구원의 확신을 위한 인간적인 방식들은 은혜에 근거를 두고 있지 않기 때문에 지속성이 없습니다. 오직 하나님께서 정하신 수단으로 구원의 확신을 얻을 수 있습니다.

16. 예정

곧 창세전에 그리스도 안에서 우리를 택하사
우리로 사랑 안에서 그 앞에 거룩하고 흠이 없게 하시려고
그 기쁘신 뜻대로 우리를 예정하사
예수 그리스도로 말미암아 자기의 아들들이 되게 하셨으니 (엡 1:4-5)

하나님의 예정은 선택과 유기로 구성되어 있습니다. 하나님께서 어떤 사람들은 구원하시기로 선택하셨고, 다른 한편으로는 영원한 죽음에 이르도록 정하셨습니다. 이러한 하나님의 예정은 영원 전부터입니다(엡 1:4). 그러나 하나님께서 실제적으로 적용하시기 전까지 우리는 알 수 없으며 예정하신 그 뜻을 다 이해할 수 없습니다. 다만 우리가 알 수 있는 것은 이 예정이 하나님께서 값없이 주시는 사랑을 증거하고, 다른 한편으로는 하나님의 공의를 드러낸다는 것입니다. 그리고 하나님의 예정은 창조주와 피조물 사이를 구분하는 가르침입니다. 그러니 하나님의 예정에 대해 불평하거나 왈가왈부할 수 없습니다. 더욱이 거듭나지 않은 자들은 이해할 수 없는 교리이기 때문에 인간적인 판단을 해서는 안 됩니다.

하나님의 선택은 하나님께 속해 있는 지식으로 사람이 접근 할 수 있는, 즉 사람의 이해력으로 알 수 있는 영역이 아닙니다(신 29:29). 예정 교리, 특히 선택에 대해서 말할 때, 그것의 실제적 실행인 성령의 유효한 역사에 주목해야 합니다. 성령의 유효한 역사로 인해 믿음이 발생되어 그리스도를 믿고, 그리스도와 연합되어 의롭다 함을 받고, 양자됨의 은덕을 누리며, 성화의 은덕을 누릴 때, 비로소 그가 선택된 백성이라는 것을 알 수 있는 것입니다. 사도 바울은 비시디아 안디옥에서 복음을 전하고 그 청중의 반응을 통해 그가 선택된 백성인 것을 확인하였습니다. "이방인들이 듣고 기뻐하여 하나님의 말씀을 찬송하며 영생을 주시기로 작정된 자는 다 믿더라"고 말하였습니다(행 13:48).

하나님께서는 선택의 수단과 함께 목적도 정하셨는데 이

는 바로 거룩함입니다(엡 1:4). 선택의 실행으로 인해 예정된 백성에게 드러나는 것이 있는데 그것이 바로 성화입니다. 따라서 예정되었다고 말하면서 성화가 나타나지 않는 사람은 스스로 자신을 속이고 있는 것입니다. 진정으로 선택되었다면 성화로 그것을 증거해야 하는 것입니다. 왜냐하면 선택의 목적이 성화에 있기 때문입니다(롬 8:29).

그래서 예정 교리, 특히 선택의 교리는 신자의 구원에 있어서 그 원인을 오직 하나님에게만 돌려야 한다는 것을 분명히 하는 가르침입니다. 죄인에게 은혜를 베풀어서 구원이 있게 하셨는데, 그것은 하나님의 선택 때문이라는 것입니다. 그래서 예정 교리는 신자로 하여금 모든 구원의 은혜가 하나님으로부터 왔다는 것을 인정하고 감사하게 하는 가르침입니다. 따라서 자신이 진정으로 선택된 백성임을 확인하기 원한다면 예정의 수단으로 자기를 점검하고, 예정의 목적인 성화가 자신에게 있는지 여부를 살피면 됩니다.

예정 교리의 또 하나의 부분은 유기에 대한 가르침입니다. 유기를 가르치는 목적은 하나님의 은혜의 수단 아래에 있었지만 그것을 남용하고, 은혜의 수단에 적용을 입지 못한 자들에 대해 설명하기 위함입니다. 에서의 경우 장자권을 가지고 있었지만 그것을 싸구려 취급해서 팥죽 한 그릇에 팔아 버리고 말았습니다. 유기된 자의 대표적 예입니다. 유기된 자들은 은혜의 수단 아래에서 죄에 대한 각성도 있지만 그것을 소멸시킵니다. 한 때 영적 각성이 일어나 은혜의 모습을 하고 있었지만 그 심령에 진정한 은혜가 없어서 결국 타락하고 배교하는 자들에 대한 설명입니다. 따라서 유기 교리는 참된 신자에게 경고의 기능을 합니다. 은혜의 모습 가운데 있다가 그것을 남용하거나 교만해서는 안 된다는 경고의 가르침입니다.

유기 교리에 있어서는 선택 교리와 마찬가지로 유기된 자라도 설불리 판단해서는 안 됩니다. 선택 교리에 있어서 성령이 유효한 역사가 나타나기까지 판단을 유보하듯이 유기 교리에 있어서도 타락과 배교가 나타나기까지 유기된 자라고 판단할 수 없습니다. 왜냐하면 하나님께서 어떤 악한 죄인도 회개시키실 수 있기 때문입니다. 다만 타락과 배교가 나타나면 더 이상 회개하여 깨끗하게 할 수 없기 때문에 그가 유기된 자라고 판단 할 수 있습니다(히 6:6). 이러한 유기 교리는 하나님의 공의를 더욱 분명히 하는 가르침입니다. 하나님의 은혜의 수단 아래에 있으면서 그것을 남용하고, 믿음이 있는 척 가장하고, 결국에는 죄악의 달콤함으로 인해 타락하는 자들에 대한 하나님의 심판을 설명하는 가르침이 유기 교리입니다.

그럼에도 불구하고 이 책의 마지막에서 예정을 다루는 것은 당신에게 앞서 말한 은혜들이 있다면 그것은 온전히 하나님의 주권적 은혜로부터 나온 것이며, 당신 자신의 어떤 공로나 행위로 인한 것이 아니라는 사실을 각인시키기 위한 것입니다. 그것은 하나님께서 당신을 구원하시기 위한 선택으로 인해 일어난 것이라는 것을 다시 한 번 확인시키기 위한 것입니다. 따라서 당신은 이렇게 은혜를 베푸신 하나님의 은혜를 찬양해야 합니다.

17. 죽음과 마지막 심판

한번 죽는 것은 사람에게 정해진 것이요 그 후에는 심판이 있으리니
이와 같이 그리스도도 많은 사람의 죄를 담당하시려고
단번에 드리신 바 되셨고 구원에 이르게 하기 위하여
죄와 상관 없이 자기를 바라는 자들에게 두 번째 나타나시리라 (히 9:27-28)

그리스도가 이 땅에 다시 오시기 전에 이 세상에 사는 모든 인생들은 죽음을 맞이하게 됩니다. 인생들이 죽음을 맞으면서 심판을 받게 되고(히 9:27), 그리스도가 다시 오실 때 모든 사람들이 부활하여 마지막 심판을 받을 것입니다(행 17:31). 죽음은 죄로 인해 모든 인류에게 내려진 것입니다(롬 5:12). 경건한 자에게 임한 죽음은 하나님 사랑의 표지이며, 수고와 비참함으로부터 안식을 누리는 것이고(계 14:13), 죽음을 통해서 더 이상 죄를 짓지 않는 영화로운 상태의 시작입니다(롬 6:7). 그러나 악한 자에게 내려진 죽음은 하나님의 진노이며(겔 33:8), 죄의 결과로 인한 하나님의 심판입니다(눅

12:20). 물론 경건한 자의 영혼은 그리스도와 연합하며, 낙원에서 그리스도와 함께 거하므로(눅 23:43; 빌 1:23) 하늘 영광의 시작에 있지만, 악인의 영혼은 영원한 고통의 시작에 들어가는 것입니다(눅 16:22, 23; 전 11:3).

죽음을 맞이하면서 하나님께서는 그 영혼에게 즉각적인 축복 혹은 저주의 선언을 하실 것이며, 그 영혼은 그것을 알게 됩니다(히 9:27). 또한 모든 영혼은 하나님의 능력에 의해서 그리고 천사들에 의해서 즉각적으로 행복의 상태로 옮겨지거나 혹은 비참한 상태로 옮겨질 것입니다. 그리고 그 상태에서 부활 때까지 있을 것입니다(눅 16:22, 23, 26; 전 11:3).

언젠가 이 세상의 마지막 날이 이르게 될 것입니다(고전 5:10). 성경에서는 이 세상의 마지막 끝날이 이르기 전에 일어날 징조에 대해서도 말하고 있습니다(마 24:32, 33). 온 세상에 복음이 전해지며, 배교가 일어날 것이고(딤전 4:1), 적그리스도가 나타날 것이며(살후 1:10), 노아와 롯의 시대처럼 인간의 부패가 사회 전체에 만연할 것입니다. 또한 전쟁이 있을 것이고, 거짓 선지자들이 거짓 기적을 행하고, 유대인이 복음을 받아들이고, 하늘과 땅에는 기사들이 있는데, 태양과 달이 어두워지는 일들이 일어날 것이라고 말씀합니다(벧후 3:7; 마 24:30). 이러한 징조가 있은 후에 그리스도가 이 땅에 다시 오실 때 하늘 구름을 타시고, 영광 가운데 천사들과 함께 심판주로 오실 것입니다. 그리스도께서 재림하실 때, 하나님의 능력에 의해서 죽은 자들이 다시 자신의 몸을 입고 살아날 것이며, 살아있는 자들은 몸의 변화를 받게 될 것입니다(요 5:28; 마 24:31; 고전 15:52).

선택된 백성들은 부활의 몸을 입고 일어날 것이며 유기된 자들도 부활의 몸을 입고 감옥에서 나아와 그리스도의 심판대 앞에 설 것입니다. 그 날에 그리스도 앞에 있는 생명책이 펼쳐질 것이며, 구원 받은 백성들이 모든 자들에게 알려지고 의로운 자들이라고 선언될 것입니다. 이는 그들이 행위에 의해서가 아니라 그리스도의 은덕을 끝까지 의지하고, 진정한 믿음 가운데 있었기 때문입니다(갈 5:7). 그러나 악인들에게는 정죄의 선언이 있을 것인데, 그들은 그리스도를 거부하였을 뿐만 아니라 경건하지 않았으며, 하나님의 계명을 어기고 철저히 자신들의 욕망을 위해 살아간 것에 대한 의로운 선언입니다.

그리스도께서 심판을 하실 때 하나님의 선택된 백성은 하나님의 영광스러운 나라를 소유하며, 하나님의 존전에서 그리스도와 성도의 영원한 교제 가운데 있게 됩니다. 그러나 유기된 자들은 가장 어두운 곳에 내어던져질 것이며, 끊임없는 고통과 두려움 가운데서 이를 갈며, 슬피 울 것입니다. 그들은 고통 가운데 죽을 수도 없으며, 빠져 나올 수 없습니다(마 25:30).

죽음과 마지막 심판에 대한 성경의 가르침은 진정한 믿음을 가지고 있는 자들에게 매우 유익한 것입니다. 이것은 성도들로 이 세상 행복을 추구할 것이 아니라 영원한 것을 찾고 구하게 만듭니다. 이 세상에 있는 것들은 일시적인 것으로써 성도들에게 진정한 만족을 줄 수 없는 것들입니다.

오히려 세상의 일시적인 만족에 마음을 두면 경건한 삶을 살 수 없으며, 탐욕의 삶을 살게 만듭니다. 그리고 이 가르침은 고난과 역경 가운데 있는 진정한 성도들에게 이 땅의 삶이 잠시이며, 영원한 것이 훨씬 더 중요하다는 것을 알게 해 줍니다. 그래서 고난 가운데 있지만 성도들로 인내하게 하며, 다른 세상을 바라보게 하는 것입니다. 마지막 심판에 대한 가르침은 이 땅에서 그리스도를 위하여 수고하고 애쓴 성도들에게 안식과 빛이 바래지 않는 영원한 나라를 주실 것을 말씀하고 있기 때문에 믿음의 수고와 경건의 삶을 추구하게 만듭니다(행 24:15, 16). 왜냐하면 우리의 모든 행위가 마지막 심판대 앞에서 모두 드러날 것이기 때문입니다. 그래서 그리스도께서 다시 오실 때 진정한 성도는 두려워 떠는 것이 아니라 신랑을 맞이하러 나가는 신부와 같이 기쁨으로 나아갈 것입니다.

마치는 말

구원의 방법은 삼위 하나님께서 선택하신 백성에게 구원이 유효하도록 일하시는 원리를 말합니다. 하나님 아버지께서 창세 전에 구원하실 자를 선택하셨으며, 그리스도로 구속의 사역을 완수하게 하시고, 성령을 통해서 아들이 이루어 놓으신 구속의 사역을 적용하십니다. 오늘날 실제적으로 택하신 백성들에게 구원이 일어나게 하시는 것입니다. 이는 참으로 놀라운 것이며 강력한 역사입니다.

진정한 구원을 위해서는 구원의 방법을 알아 자신에게 삼위 하나님의 구속 사역이 있는지 여부를 확인해야 합니다. 구원의 방법에 대한 지식을 분명히 갖고 성령의 유효한 역사를 경험해야 할 것입니다. 그리고 자신의 구원에 대해서 변화된 삶으로 증거해야 합니다. 그것은 하나님의 영광을 나타내는 일이며 우리를 구원하신 목적입니다.

사명선언문

너희가 흠이 없고 순전하여……세상에서 그들 가운데 빛들로
나타내며 생명의 말씀을 밝혀 _ 빌 2:15-16

1. 생명을 담겠습니다
만드는 책에 주님 주신 생명을 담겠습니다.
그 책으로 복음을 선포하겠습니다.

2. 말씀을 밝히겠습니다
생명의 근본은 말씀입니다.
말씀을 밝혀 성도와 교회의 성장을 돕겠습니다.

3. 빛이 되겠습니다
시대와 영혼의 어두움을 밝혀 주님 앞으로 이끄는
빛이 되는 책을 만들겠습니다.

4. 순전히 행하겠습니다
책을 만들고 전하는 일과 경영하는 일에 부끄러움이 없는
정직함으로 행하겠습니다.

5. 끝까지 전파하겠습니다
모든 사람에게, 땅 끝까지, 주님 오시는 그날까지
복음을 전하는 사명을 다하겠습니다.

서점 안내

광화문점　서울시 종로구 새문안로 69 구세군회관 1층
　　　　　02)737-2288(T)　02)737-4623(F)

강남점　서울시 서초구 신반포로 177 반포쇼핑타운 3동 2층
　　　　　02)595-1211(T)　02)595-3549(F)

구로점　서울시 구로구 시흥대로 577 3층
　　　　　02)858-8744(T)　02)838-0653(F)

노원점　서울시 노원구 동일로 1366 삼봉빌딩 지하 1층
　　　　　02)938-7979(T)　02)3391-6169(F)

분당점　경기도 성남시 분당구 황새울로 315 대현빌딩 3층
　　　　　031)707-5566(T)　031)707-4999(F)

신촌점　서울시 마포구 서강로 144 동인빌딩 8층
　　　　　02)702-1411(T)　02)702-1131(F)

일산점　경기도 고양시 일산서구 중앙로 1391 레이크타운 지하 1층
　　　　　031)916-8787(T)　031)916-8788(F)

의정부점　경기도 의정부시 청사로47번길 12 성산타워 3층
　　　　　031)845-0600(T)　031) 852-6930(F)

인터넷서점　www.lifebook.co.kr